GTB
Gütersloher Taschenbücher
1131

Für Heidrun, Boris und Nikolai

Siegfried Dannwolf

Gottes verlorene Kinder

Ein Ex-Priester der
Neuapostolischen Kirche klagt an

Gütersloher Verlagshaus

Originalausgabe

Die Deutsche Bibliothek – CIP-Einheitsaufnahme

Dannwolf, Siegfried:
Gottes verlorene Kinder: ein Ex-Priester der Neuapostolischen Kirche klagt an / Siegfried Dannwolf. – Orig.-Ausg., 3. Aufl., – Gütersloh: Gütersloher Verl.-Haus, 1997
(Gütersloher Taschenbücher; 1131)
ISBN 3-579-01131-6
NE: GT

ISBN 3-579-01131-6
3. Auflage (8.–12. Tsd.), 1997

Satz: Weserdruckerei Rolf Oesselmann GmbH, Stolzenau
Druck und Bindung: Clausen & Bosse, Leck
Printed in Germany

Inhalt

Einleitung

Beim Rückblick auf 38 Jahre Mitgliedschaft in der Neuapostolischen Kirche bin ich erschüttert, traurig, wütend. Denn Kindheit, Jugend, Erwachsenwerden und Erwachsensein habe ich in und mit dieser Kirche erlebt. Und genau aus diesem Grund habe ich nichts wirklich gelebt, nicht die Kindheit, nicht die Jugend, nicht die Reife. Mein bisheriges Leben ging vorbei, ohne daß ich es wirklich leben konnte. Statt dessen existierte ich in Scheinwelten, mit Schein-Freunden, in einer Schein-Geborgenheit einer Schein-Familie. Aus der Distanz erscheint mir alles wie ein Alptraum, denn nach außen von der Fassade her gibt sich diese Kirche bürgerlich, familiär, christlich, geordnet, vorbildlich, Wärme und Liebe ausstrahlend. In der Zeit meines über 30 Jahre lang währenden Schlafs, meiner Unbewußtheit ließ ich mich von diesem Schein blenden. Ich ließ mich als ein Kind halten, nicht als Kind Gottes, wie sich die Gläubigen nennen, sondern als unreifes, unselbständiges, stets auf Rat, Hilfe und Führung anderer angewiesenes Wesen.

Schließlich kamen Ereignisse, Erfahrungen und Zeiten, die mich erwachen ließen, die mir die Chance gaben, erwachsen und reif zu werden, meine Bewußtheit zu entwickeln, mein Menschsein und mein Christsein zu entdecken. Diese Entwicklung nahm ich zunächst nicht bewußt wahr. Aber sie war der Anfang des Lebens. Ich betrachte es heute als Gnade Gottes, daß ich aus diesem Zwangssystem herausgeführt wurde, über einzelne Zwischenstationen, über Entwicklungen, deren ich oft nicht Herr war. Deshalb kann ich heute fasziniert auf die letzten Jahre und letztlich auf mein ganzes Leben zurückschauen. Ich habe mich auf den Weg gemacht und bin ein anderer geworden. Mein Weg führte aus der Scheinwelt eines aus meiner heutigen Sicht gleichermaßen menschen-, lebens- und gottfeindlichen Glaubenssystems heraus in eine Wahrhaftigkeit und Echtheit, in eine Wirklichkeit des Seins und in eine persönliche Gotteserfahrung.

Auf meinem Weg hat sich das so liebevolle Glaubenssystem der Neuapostolischen Kirche, nachfolgend oft nur NAK genannt, entpuppt. Es hat sein wahres Gesicht gezeigt. Damit hat es mir ermöglicht, sämtliche Fassaden wegzuräumen und die Wirklichkeit anzuschauen. Dieser Weg war hart, manchmal fast nicht begehbar, er führte durch die Hölle. Welten zerbrachen für mich. Gerüste, die mich bisher hielten, brachen zusammen. Mir erging es wie einem Vogel, der sein Leben lang im Käfig gefangen war und plötzlich in die Freiheit entlassen wird. Ich habe durchgestanden, wie es ist, wenn man von langjährigen Freunden verlassen wird, sie sich in Feinde verwandeln, wenn sich die Zukunftshoffnung, die man hatte, in Zukunftsangst verwandelt.

Dieses Buch ist ein Teil meines persönlichen Bewußtwerdungsprozesses, von dem für mich Heilung ausging. Ich denke, wenn von der Bewußtwerdung beim Schreiben für mich Heilung ausging, dann könnten andere Mut und Hoffnung beim Lesen fassen. Zuvorderst Mitglieder der NAK, die von Zweifeln und Verzweiflung geplagt sind, die mit ihren inneren Fragen und Problemen nicht mehr zurechtkommen, bei denen der angelernte Verdrängungsmechanismus nicht mehr funktionieren will. Ich kenne viele in dieser Kirche, die innerlich zerrissen sind und von den bewußten und unbewußten Verbiegungen und Unterdrückungen des Menschseins krank geworden sind. Sie leiden, weil sie nicht sein dürfen, was sie sind, weil sie ihren Gefühlen nicht trauen dürfen, weil sie nur von ihrem Glaubenssystem gelebt werden, aber nicht selbst leben dürfen. Und weil sie – bewußt oder unbewußt – von der Angst zerfressen werden, von Gott gestraft zu werden oder auf ewig verloren zu sein. Vielleicht kann dieses Buch solchen Menschen ein wenig helfen, sich ihrer selbst bewußt zu werden, das System der NAK zu durchschauen, Licht in das Dunkel der Angst und der inneren Zweifel zu bringen.

Aber ich möchte auch Menschen ansprechen, die nicht Mitglieder dieser Kirche sind. Und zwar vorwiegend, um aufzuklären. Nach außen gibt sich dieses Glaubenssystem lieb, warmherzig, familiär, glaubensstark und sicher. Was sich hinter den Fassaden der Institution und der Herzen abspielt, sieht niemand. Vielleicht kann dieses Buch dazu beitragen, daß Sympathisanten der NAK dem Schicksal, das ich und viele Aussteiger und Geschädigte erlitten, entgehen.

Darüber hinaus soll dieses Buch Informationslücken bei Psychologen, Ärzten, Krankenkassen, Politikern, aber auch in den großen Landeskirchen schließen. Hohe Krankheits- und Behandlungskosten, viel menschliches Leid und traumatische Erlebnisse gehen mit solchen autoritären Glaubenssystemen einher. Die Neuapostolische Kirche erfüllt mit ihrem exklusiven, apokalyptischen und autoritären Anspruch, von dem ein magischer Bann ausgeht, nach meiner Auffassung viele Merkmale gefährlicher Sekten. Aufklärung tut not.

Dieses Buch soll keine persönliche Anklageschrift sein. Ich kann allerdings nicht ausschließen, daß Insider gewisse Spitzenämter der Neuapostolischen Kirche wiedererkennen. Dies läßt sich aufgrund der Verengung der Kirchenhierarchie nach oben nicht vermeiden. Ich möchte niemanden persönlich angreifen, und zwar aus einem ebenso einfachen wie tragischen Grund: Die Funktionäre der NAK sind Opfer und Täter zugleich. Die allermeisten Aktivisten, ob nun Amtsträger oder »einfache« Mitglieder, handeln aus der eingeredeten Überzeugung, die Wahrheit zu besitzen, Gott in den eigenen Kirchenmauern exklusiv für sich zu beanspruchen und allein den Weg zur Errettung und ewigen Seligkeit zu wissen. In der NAK gibt es viele liebenswürdige, freundliche und hilfsbereite Menschen. Dieser Bericht will ihnen einen Spiegel vorhalten, nicht sie diffamieren.

Angeklagt werden muß aber das Glaubens*system*, das Menschen zerstört statt aufrichtet, das aus der frohen Botschaft des Evangeliums subtil ein System der Angst zimmert, das einen grenzenlosen und liebenden Gott in die Mauern einer unfreien Institution sperrt und für deren Zwecke mißbraucht. Einige wenige Kirchenführer, die das Glaubenssystem in seinen Fehlentwicklungen erkannt haben und die Menschen dennoch glauben lassen, was sie selbst längst als falsch oder reformbedürftig erkannt haben, müssen dies selbst verantworten.

Den Gläubigen aber, die in dieser Kirche ihren einzigen Halt finden, die sich nicht aus ihrem Frieden und ihrer Ruhe bringen lassen wollen, die vielleicht aus irgendwelchen Gründen Angst haben oder unsicher werden bei der Befassung mit kritischen Gedanken, und die meinen, freudig ihren Glaubensweg zu gehen in der sicheren Hoffnung auf ewiges Heil, diesen Menschen möchte ich ihre Welt nicht zerstören, denn ich weiß, was geschieht, wenn einem das Lebensrückgrat bricht.

Es wäre schön, wenn auch neuapostolische Menschen anfangen könnten zu begreifen: Wir sind Kinder Gottes; wir tragen einen Geist Gottes, der nicht weniger wert ist als der der Amtsträger und nicht mehr als der aller Menschen. Denn der Christus der biblischen Überlieferung hat nicht Grenzen aufgebaut, sondern niedergerissen, hat nicht neue Gräben zu Gott aufgerissen, sondern eine Brücke gebaut, hat nicht abgespalten und abgewiesen, sondern angenommen. Die Lösung liegt in der Frage: Wem vertrauen Menschen mehr: Gott oder einer Institution?

Die Kindheit

Ich wurde in einem neuapostolischen Elternhaus geboren. Meine Eltern waren in den Notzeiten der Nachkriegsjahre mit der Neuapostolischen Kirche (NAK) in Verbindung gekommen, die Gemeinschaft und Wärme versprach. Sie wurden neuapostolisch – gegen den entschiedenen Widerstand der Großeltern und Verwandtschaft.

Meine Kindheit sollte von zwei prägenden Erfahrungen gekennzeichnet sein: zum einen durch die Spaltung, die durch die neuapostolische Glaubenszugehörigkeit meiner Eltern mitten durch die Verwandtschaft ging, zum anderen durch die von Stammapostel J.G.Bischoff in meinem Geburtsjahr 1952 verkündigte »Botschaft«, Jesus werde zu seinen Lebzeiten wiederkommen und die Seinen zu sich nehmen.

Zum ersten: Meine Großeltern mütterlicherseits existierten in meinem kindlichen Leben entweder gar nicht oder nur in einer bedrükkenden Art und Weise. Aus unserer Sicht hatten sie den richtigen und allein wahren Glauben nicht erkannt und einen Keil in die Familie getrieben. Durch die Ablehnung unserer Verwandtschaft fühlten wir uns jedoch weiter in unserem Glauben bestätigt. Den Mitgliedern der kleinen Herde, der »auserwählten Schar« mußte es ja so ergehen.

Meine Eltern förderten diese Spaltung nach Kräften; so hatten es ihre sogenannten »Glaubensvorangänger«, die Amtsträger in der neuapostolischen Gemeinde, sie gelehrt. Wenn wir alle paar Jahre die Großeltern einmal besuchten, gingen wir treu und brav in jeden Gottesdienst, dreimal in der Woche, ohne Rücksicht auf die Wünsche und Interessen unserer Gastgeber. Sie hatten das zu akzeptieren, wir waren ja die Gotteskinder, sie waren nur die etwas frommen und bigotten evangelischen Kirchenangehörigen, letztlich Ungläubige, nicht erwählt von Gott, keine Gotteskinder, solange sie das wahre Erlösungswerk Gottes ablehnten.

Meine Großeltern existierten eigentlich gar nicht für mich. Sie waren Weltmenschen, dem ewigen Verderben preisgegeben. Bedauerlich, aber Gott hatte nun einmal nur eine kleine Schar erwählt, und *wir* durften dazugehören. Wir beteten natürlich, daß sie »es erkennen« möchten. Was mich prägte, war ein Riß mitten durch die Familie, ohne gegenseitiges Verstehen, ohne Toleranz, in Sprachlosigkeit.

Aus der heutigen Sicht sind der Schritt meiner Eltern und ihre Haltung für mich nachvollziehbar. Die neuapostolische Glaubenslehre und die Kirchenstruktur gaben ihnen in den Kriegswirren und in der Nachkriegszeit Halt und Orientierung. Der große Zulauf zu dieser Kirche in den fünfziger Jahren resultierte wesentlich aus ihrer autoritären Führungsstruktur, ihren einfachen und willkürlichen Sinngebungsangeboten zu allen Fragen des Lebens, ihrer Endzeiterwartung. Den Gläubigen wurde baldige Erlösung, der Anbruch ewigen Glücks und ewiger Freude, ohne Tränen und ohne Trauer versprochen. Sie brauchten in dieser Gemeinschaft nicht selbst Verantwortung für ihr Leben zu übernehmen, was ja in der Struktur des Nazi-Regimes ebenfalls nicht notwendig gewesen war. In der Gemeinschaft waren sie stark und aufgehoben. Nur eine einzige Entscheidung war zu treffen: die Unterordnung im kindlichen Glauben und bedingungslosen Gehorsam unter die Führer des Glaubens. Das versprach Heil und Erlösung. – Ein nahtloser Übergang vom einen Führer zum anderen.

Was die Menschen damals nicht wußten, ist, wie eklatant sich die Kirchenführung der NAK dem Nazi-Regime angebiedert hatte. Als Beispiel sei ein Satz aus dem vielseitigen Ergebenheitsbrief, den unser damaliger »lieber Stammapostel« J.G. Bischoff am 2. August 1933 an das Preußische Kultusministerium richtete, zitiert:

> Jeder Diener und jedes Mitglied der Neuapostolischen Gemeinde ist durch die planmäßige Beeinflussung seitens der Hauptleitung in nationalsozialistischem Sinn erzogen, so daß die meisten Mitglieder der Neuapostolischen Gemeinde der Nationalsozialistischen deutschen Arbeiterpartei angehören oder ihr nahestehen.[1]

Nach einem mir heute vorliegenden Papier von Apostel Landgraf, Schriftführer des Apostelkollegiums, wurde bei politisch unsicheren Personen, die die Aufnahme in die Neuapostolische Kirche wünschten, ohne deren Wissen die örtliche NSDAP-Leitung um eine Unbe-

1. aus einem 13seitigen Schreiben des Hauptleiters der NAK vom 2.8.1933 an das Preußische Kultusministerium, Berlin; unterzeichnet mit »Heil Hitler, J.G.Bischoff«.

denklichkeitsbescheinigung gebeten. Aber selbst in Texten der Kirchenzeitschrift wurde die politische Haltung der Führung von den Gläubigen nicht wahrgenommen, konnte doch der Sohn des Stammapostels und Inhaber des Kirchenverlags beispielsweise über die Entwicklung in Südafrika, nachdem die ersten Schwarzen Arbeitsplätze als Fahrer bekommen hatten, unwidersprochen Sätze wie diesen schreiben:

> Wie dieses Beispiel zeigt, geht es in vielen Berufen. Das farbige Element ist zum Angriff übergegangen.[2]

Die Abhängigkeit von den Kirchenführern als ein wesentliches Charakteristikum des neuapostolischen Glaubens sollte meine Kindheit intensiv beeinflussen. Mein Vater bekam nach Rückkehr aus der Gefangenschaft von einem Freund eine gute Position angeboten. Er lehnte ab, weil er für die Kirche nicht mehr genügend Zeit gehabt hätte. Gerne hätte er jedoch Fortbildungsmaßnahmen in Angriff genommen, um in seinem erlernten Beruf weiterzukommen. Er fragte seine sogenannten Glaubensvorangänger, den Gemeindeevangelisten und den Priester. Sie rieten ab, denn Jesus würde ja in Kürze erscheinen und die Seinen zu sich nehmen. Und da brauchte man das nicht mehr. Der Rat dieser Männer war der Rat des Herrn. Ihn zu befolgen bedeutete, den Segen Gottes zu haben. Also blieb mein Vater in seinem erlernten Beruf, bis zu seiner Pensionierung.

Von meiner Geburt im Jahr 1952 an war meine Kindheit geprägt und beeinflußt von der sogenannten »Botschaft« des Stammapostels J.G. Bischoff. An Weihnachten 1951 verkündete er:

> Für mich steht sicher, daß, wie angeführt, die Zeit der Zubereitung des königlichen Priestertums unter meiner Hand vollendet wird und daß die Reichsgottesarbeit im Weinberg des Herrn mit meinem Ende auch ihr Ende erreicht. ... Ich bin der Letzte und nach mir kommt keiner mehr. So steht es im Ratschluß Gottes, so ist es festgelegt und so wird es der Herr bestätigen. Und zum Zeichen sollt ihr das haben, daß der Herr zu meiner Zeit kommt, um die Seinen zu sich zu nehmen.[3]

2. in: »Unsere Familie« vom 5. April 1940, S.104.
3. J.G. Bischoff im Gottesdienst am 24.12.1951 in Gießen.

Fortan war diese »Botschaft« Glaubens- und Lebensinhalt der treu neuapostolisch Gläubigen. Entscheidend war, Jesus täglich, ja stündlich zu erwarten und das Leben völlig auf diesen Augenblick einzurichten. Auf dieses sogenannte Glaubensziel hin lebte, dachte und handelte man auch in der Familie. In Familienbesuchen unseres sogenannten »Hauspriesters« und bei Zusammenkünften mit Bekannten und Freunden meiner Eltern war es fast der einzige Gesprächsinhalt.

Nur vage nahm ich als Kind wahr, daß es auch andere Strömungen in der Neuapostolischen Kirche gab. Die Amtsträger und die Gläubigen wurden in zwei Gruppen eingeteilt: Menschen, die die »Botschaft« J.G. Bischoffs glaubten, und solche, die daran zweifelten und damit ungläubig waren. – Wir wollten am nahen Tag des Herrn dabeisein und hielten uns deshalb an die, die den Glauben an die »Botschaft« pflegten. In den fünfziger Jahren ging aufgrund dieser »Botschaft« eine Spaltung durch Gemeinden und Amtsträger. Diese Zeit wurde lange als »Kampfzeit« bezeichnet. Gemeint war der Kampf um den Glauben an die »Botschaft« von J.G. Bischoff. In Wirklichkeit ein Kampf um die Vorherrschaft und Führerschaft J.G. Bischoffs.

Mein Vater war immer sehr nachsichtig, milde und zurückhaltend. Um so mehr hat sich mir folgendes Erlebnis eingeprägt. Ein Priester der Gemeinde, der »Botschaft« gegenüber skeptisch eingestellt, kam zu uns, um geänderte Kleidung abzuliefern. Als er im Gespräch nur leise Zweifel andeutete, nur Sympathie äußerte für einen übergeordneten Bezirks-Amtsträger, der nicht so intensiv auf seiten der »Botschaft« stand, ereiferte sich mein Vater, beschimpfte ihn und warf ihn schließlich aus der Wohnung hinaus.

Die Frage war nicht, ob man christlich handelte, ob man Lehre und Leben von Jesus beherzigte. Die Bibel wurde nicht oft gelesen, mit Ausnahme einzelner Sätze oder Verse nach dem jeweiligen Morgengebet. Das Familien- und sogenannte Glaubensleben waren bestimmt durch das, wie wir es nannten, »zeitgemäße Wirken des Heiligen Geistes«, also durch die »Botschaft« und das Versprechen des nahen Wiederkommens Jesu.

Stammapostel J.G. Bischoff hat sich als Halbgott in meinem Gedächtnis festgesetzt, denn so wurde er ge- und behandelt. Obwohl ich damals erst sieben Jahre alt war, ist mir heute noch ein Gottesdienst lebendig vor Augen, den er auf dem Stuttgarter Killesberg hielt. Noch heute empfinde ich den gewaltigen Moment, wie der Stammapostel zum Altar schritt. Unverrückbar hat sich dieses Bild meiner Kinderseele bemächtigt.

Ein weiteres herausragendes Erlebnis prägte sich dem Kind tief ein. Eines Tages kam der Stammapostel nach Stuttgart, und wir erwarteten ihn am Parkhotel. Eine »Schar Gotteskinder« hatte sich eingefunden, um den »größten Mann auf dieser Erde« persönlich zu begrüßen. Ich mußte Sonntagskleider anziehen, obwohl es erst Samstag war. Wir kauften Blumen. Fritz Bischoff, Bezirksapostel und Sohn des Stammapostels, fuhr mit seinem schweren amerikanischen Straßenkreuzer und mit dem Stammapostel auf dem Beifahrersitz vor dem Hotel vor. Ich berührte mit meiner Hand das Auto, ein wunderbares Erlebnis.

Niemand machte sich darüber Gedanken, wie es möglich sein konnte, daß diese Männer in einem der vornehmsten Hotels in Stuttgart abstiegen. Die Ehr- und Gottesfurcht ließ es auch nicht zu, zu hinterfragen, wo denn das Geld für den amerikanischen Straßenkreuzer herkäme. Für die Vertreter Gottes auf der Erde war das Beste gerade gut genug. Meine Eltern lieferten, obwohl sie jeden Pfennig umdrehen mußten, getreu jeden Monat den Zehnten ihres Einkommens ab. Einen Vergleich zwischen unseren finanziellen Verhältnissen und denen der Kirchenführer stellten wir nicht an. Wir gaben unser Geld ja Gott, und die Kirche verhieß uns dafür Gottes Segen.

Für uns Kinder war Friedrich Bischoff nicht nur als Apostel und Sohn des Stammapostels, sondern auch aus einem anderen Grund eine Art Kultfigur: Er war unser Onkel Fritz. Dieser Mann hatte den Verlag Friedrich Bischoff in Frankfurt gegründet und gab sämtliche Kirchenzeitschriften und -literatur heraus, die zur Pflichtlektüre eines neuapostolischen Haushalts gehört. Eine davon war die Monatsschrift für neuapostolische Kinder »Der gute Hirte«. Den Leitartikel dieser Zeitschrift schrieb angeblich eben dieser Onkel Fritz. Im übrigen wurden Glaubenserlebnisse von Kindern abgedruckt, Geschichten nach dem Muster: Schlüssel verloren – gebetet – geglaubt – Schlüssel wiedergefunden. Oder: Klassenarbeit steht bevor – Anliegen dem Priester vorgetragen – der hat gebetet – gute Note. Die Geschichten waren weder spannend noch ereignis- oder erlebnisreich. Die ständig gleichen Erzählmuster stets mit Happy-End waren unendlich langweilig. Aber ich mußte mich zwingen, diese Blätter zu lesen, denn es waren ja göttliche Botschaften, es waren Briefe des Herrn an mich, gedacht zur Vollendung meiner Seele.

Endlich hatte auch ich einmal ein solches Glaubenserlebnis, nicht größer, aber auch nicht kleiner als die der anderen Kinder. Ich schrieb sehr motiviert an meinen »Onkel Fritz«. Am 1.12.1959 antwortete mir »Der gute Hirte«:

Lieber Siegfried!

Dein Brieflein hat mir viel Freude bereitet, und ich danke Dir herzlich dafür. Siehst Du, Siegfried, unsere Sorgen sind nie so groß, daß unser himmlischer Vater nicht doch Herr darüber werden und sie uns nehmen könnte. Daß Sorgen und Nöte kommen, können wir nicht ändern, und das wird auch so bleiben bis zum Tag des Herrn, aber wir müssen immer wissen, an wen wir uns wenden dürfen, und daß wir nicht Kinder dieser Welt, sondern Gotteskinder sind. Ich freue mich, daß Dir der treue Gott so beigestanden hat, und wünsche Dir zu Deinem Tun weiterhin seinen reichen Segen. Es grüßt Dich und Deine Lieben in herzlicher Verbundenheit ...

Dein Onkel Fritz
Der Gute Hirte/Redaktion

Ich war zwar enttäuscht, daß mein Erlebnis im Gegensatz zu dem anderer Kinder keines Abdruckes würdig war, aber ich hatte einen schönen Antwortbrief von »Onkel Fritz«. Ich nahm gar nicht bewußt wahr, daß der Brief gar nicht von ihm war, sondern von irgendeinem namenlosen Redakteur. Heute wird mir bewußt, wie selbst in diesen wenigen Zeilen in die Kerbe geschlagen wurde, die allen Neuapostolischen als Lebenslinie gilt: Wir sind nicht Kinder dieser Welt, sondern Gotteskinder; und wir wissen, an wen wir uns wenden dürfen, an unsere »Segensträger« nämlich, in denen wir Gott sehen: Wir müssen unsere Sorgen und Probleme nicht selbst angehen, Gott wird schon für uns sorgen.

Für Zweifler, Ungläubige, Gott Widerstrebende, sich seinem Willen Widersetzende, stand in diesen »Botschafts«-Jahren ein Name als Synonym: Kuhlen. Der Name Kuhlen galt damals als Inbegriff des Bösen, des Zweiflers, des Gegners Gottes. Erst nach meinem

Kirchenausstieg sollte ich erfahren, was es tatsächlich mit diesem Mann und seiner »Kampftruppe« auf sich hatte. Der damalige Stammapostelhelfer Kuhlen hatte die angebliche Offenbarung des J.G. Bischoff, Jesus würde die Seinen noch zu seiner Lebenszeit zu sich nehmen, gar nicht angezweifelt, sondern sich nur geweigert, diese »Botschaft« zum ausschließlichen Lehrinhalt zu machen. Denn inzwischen wurden Amtsträger bei der Ordination in ein höheres Amt und Menschen bei der Aufnahme und »Versiegelung« in die Gemeinde nicht mehr nach der Lehre Jesu oder christlichen Glaubensgrundsätzen gefragt, sondern mußten ausschließlich die Frage beantworten, ob sie daran glauben, daß Jesus zur Lebenszeit des Stammapostels J.G. Bischoff wiederkommen werde. Die Kirchenführung um den Stammapostel ging mit Kritikern der Botschaft um, wie es unchristlicher nicht sein kann. Alle denkbaren psychologischen Kampfmittel wurden eingesetzt.

Heute liegen mir Dokumente über die damaligen Vorgänge vor. Es ist erschütternd zu lesen, daß Stammapostel Bischoff und sein Sohn zu keinerlei Gespräch, zu keiner offenen Auseinandersetzung bereit waren. Nach den mir zugänglichen, dem Kirchenvolk allerdings nicht bekannten Informationen waren Ende der vierziger und Anfang der fünfziger Jahre persönliche Machtkämpfe im Kreis der Apostel Grund für die »Botschaft«.[4]

Die Mittel der Auseinandersetzung waren Verleumdung, die Verbreitung von falschen Behauptungen und der Ausschluß aller, die sich nicht willen- und widerspruchlos dem Diktat von J.G. Bischoff und den ihm zur Seite stehenden mächtigen Aposteln unterwarfen. Knapp 10.000 Mitglieder wurden ausgeschlossen. Was damals an Leid und Verzweiflung entstand durch die gewaltsame Zerstörung von Freundschaften, des sozialen Umfeldes, durch eine Trennung und Spaltung, die bewußt mitten durch Familien getrieben wurde, ist entsetzlich. Und das wenigste ist bekannt geworden. Die Kirche hat diese Säuberung von fremdem Geistesgut so beschrieben:

4. Eine detaillierte Beschreibung der Vorgänge anhand von Originaldokumenten findet sich in: »Die Botschaft des J.G. Bischoff« von Karl-Eugen Siegel, erschienen im Lachesis-Verlag, Postfach 400 665, 70407 Stuttgart.

> Durch das Ausscheiden aller Zweifler, Rechthaber und Eigenbrötler ist unter seiner Führung (Anmerkung des Verfassers: Führung von Stammapostel J.G. Bischoff) die völlige Einheit in allen Glaubensfragen nicht nur im Kreis der Apostel, sondern auch in allen Gemeinden der Neuapostolischen Kirche auf der ganzen Erde hergestellt worden.[5]

Schließlich kam der 6. Juli 1960. Ich war gerade acht Jahre alt und stand mit meinen Eltern irgendwo am Rande eines Kinderfestes, als unser Hauspriester mit seiner Frau auf uns zukam und uns eröffnete: »Der Stammapostel ist heimgegangen.« Meine Reaktion war kindlich naiv, aber sehr aufschlußreich hinsichtlich der Prägung meiner ersten acht Lebensjahre. Ich sagte nur: »Jetzt haben wir eben zwei Stammapostel, einen hier und einen im Himmel.« Diese Aussage sollte noch oft zitiert werden als vorbildliche Reaktion eines treuen und gläubigen Gotteskindes.

Eine Woche später war unsere Gemeinde zum Gottesdienst in die Kreisstadt geladen. Dort hielt der Bezirksälteste, ein strenger und energischer Verfechter des Glaubens an die Botschaft, den Gottesdienst. Ich kann noch heute genau den Moment nachfühlen, als ich im linken hinteren Drittel der großen Kirche, von den Erwachsenen umgeben, das Eingangslied sang und der Bezirksälteste würdevoll zum Altar schritt. Alle Gläubigen waren verzweifelt auf der Suche nach Orientierung, nach Halt, nach Wegweisung, denn die »Botschaft«, Jesus werde uns zur Lebenszeit von J.G. Bischoff zu sich nehmen, war zusammengebrochen. War das das Ende unserer Existenz? Wohin sollten wir gehen? Selbst konnten und durften wir uns ja kein Urteil bilden. Also hörten wir auf die Worte des Herrn. Und er erklärte uns in der Person des Bezirksältesten, Gott habe seinen Willen geändert, so wie damals bei Mose, als dieser nicht mehr in das Gelobte Land kam und nur einen Blick hinüber werfen durfte. Auch von einer letzten Glaubensprüfung wurde gesprochen. Gott wolle jetzt sehen, ob wir nachträglich an der Echtheit der »Botschaft« zweifelten. Vor Gott könne nur der bestehen, der gerade jetzt fester denn je an die »Botschaft«

5. Innerdienstliche Mitteilung SM 30/60 der Neuapostolischen Kirche des Landes Mecklenburg vom 22.8.1960 an alle Bezirks- und Gemeindevorsteher.

glaubt. Und Jesus könne gerade jetzt unmittelbar nach dieser letzten Glaubensprüfung kommen und die Seinen zu sich nehmen, aber natürlich nur die Gläubigen, nicht die Zweifler.

Wie tief waren die seelischen Deformationen bei den »kindlich Gläubigen« – mich selbst eingeschlossen – vorangeschritten, daß sie nicht erkannten, welchen Mißbrauch Gottes hier die Kirchenführung trieb: Der Mensch J.G. Bischoff war nach wie vor unfehlbar, seine »Botschaft« göttlich und wahr, lediglich Gott war es, der sich geändert, der sein Volk geprüft, der es im Grunde genommen an der Nase herumgeführt hatte.[6]

Die durch die »Botschaft« bewirkte Spaltung der Kirche in zwei unversöhnliche Lager war durch den Tod des Stammapostels nicht etwa aufgehoben. Lediglich die durch diesen »Reinigungsprozeß« aus der Kirche Hinausgetragenen war man los. Unter den Verbliebenen wurde nach wie vor peinlich streng darauf geachtet, wer unverändert, auch nach dem Tod Bischoffs, glaubte und wer die Botschaft in Frage stellte. Jetzt war es entscheidend, zu glauben, Jesus könne unmittelbar nach dieser Prüfung kommen. Jene Amtsträger standen hoch im Kurs, die die tägliche Erwartung des wiederkommenden Jesus predigten und pflegten. Ein Ruck ging nochmals durch die Gemeinden, als der unmittelbar nach dem Tod Bischoffs zum Nachfolger gewählte Stammapostel Walter Schmidt am 1. Januar 1962 die Jahreslosung Offenbarung 14, 15 herausgab: »Herr, schlag an mit deiner Sichel und ernte, denn die Zeit zu ernten ist gekommen und die Ernte der Erde ist dürr geworden!« In diesem Jahr also mußte Jesus wiederkommen. Anerkannt waren nur solche Priester, die diese Erwartung predigten. Wer dies nicht tat, trug in seinem Herzen den Gedanken: »Mein Herr kommt noch lange nicht« und hatte sich durch diese Haltung als ungläubig erwiesen und selbst ins Abseits gestellt.

Diese Glaubensinhalte sollten auch die nächsten Jahre meiner Kindheit und beginnenden Jugend prägen. Sonntags verbrachte ich

6. Bis heute hält die Kirchenführung an ihrer Interpretation fest. Stammapostel Richard Fehr in einer Stellungnahme am 20.1.1996: »Die Nichterfüllung der ›Botschaft‹ kann mit dem Verstand letztlich nicht erklärt werden. Der göttliche Charakter der Botschaft wird dadurch nicht in Frage gestellt.«

mehr als drei Stunden in der Kirche. Morgens um halb neun saß ich mit meinen Eltern im Hauptgottesdienst, anschließend ab 10.30 Uhr bis 11.30 Uhr im Kindergottesdienst. Wenn ich heimkam, fragten mich meine Eltern, was wir gehört hätten. Meist wußte ich es nicht mehr und sagte deshalb einfach: »Wir hörten, daß der Herr Jesus kommt.« Das reichte, es war das wichtigste und deshalb immer richtig. Nach dem Mittagessen mußte ich dann schlafen, um im Gottesdienst um 15.30 Uhr wieder aufnahmefähig zu sein. Um 16.30 Uhr war der Gottesdienst-Marathon zu Ende. Aber nicht genug: Oft saßen meine Eltern abends noch mit Gleichgesinnten zusammen, hörten sich die »Predigten« des Hauspriesters an, der auch zu der treuen, den Herrn täglich erwartenden Gruppe gehörte, oder ließen sich von einem treuen Glaubensbruder einen weiteren Gottesdienst vom Tonband vorspielen.

Das war meine Welt. Für mich gab es kein Entrinnen. Alles andere, die Welt draußen, wurde von der Kirche als verderbenbringend abgelehnt. Wenn ich allein zuhause war, überfiel mich oft große Angst. Der seit frühester Kindheit auf mich übertragene Glaube an das täglich zu erwartende Wiederkommen Jesu wurde zum Trauma. Wenn meine Eltern nicht pünktlich zurückkamen, bekam ich panische Angst, Jesus wäre gekommen und hätte mich allein zurückgelassen. Diese Angst, nicht dabeizusein, wenn Jesus kommt, wurde ich nie los. Immer phantasierte ich irgend etwas, was ich falsch gemacht hatte, wo ich, vielleicht nur in Gedanken, ungehorsam gewesen war und nicht an Jesus gedacht hatte. Deshalb *mußte* mich Jesus ja zurücklassen.

Tief in mir hatte ich allerdings immer wieder Zweifel, Fragen, Probleme, aus denen sogenannte »Glaubenskämpfe« entstanden. Schon früh als Kind hatte man mir gesagt, Gedanken, die sich nicht mit dem decken, was wir im Gottesdienst und von unseren »Segensträgern« – so nennt man die Amtsträger auch – hören, kämen von unten, vom Satan. Sie müßten überwunden werden, wenn wir von Jesus bei seinem nahen Wiederkommen mitgenommen werden möchten. Also galt es zu kämpfen, vor allem gegen eigene Gedanken und Gefühle. In einer solchen Situation schrieb ich meinen Kummer unserem Bezirksältesten, von uns liebevoll »Onkel R.« genannt. Mit Datum vom 19.1.1961 antwortete er mir:

Mein lieber Siegfried,

Dein liebes Brieflein habe ich soeben erhalten und danke Dir recht herzlich. Ich will es Dir nun auch gleich beantworten. Weißt Du, lieber Siegfried, wenn wir Überwinder sein wollen, dann muß ja eine Anfechtung vorausgehen. Werden wir nicht angefochten, dann können wir nichts überwinden. Nun hast Du gezeigt, wo Du am schwersten zu kämpfen hast. Ich will Dir gerne beistehen, daß der liebe Vater Dir die Überwinderkräfte gibt. Nichts auf der ganzen Welt hat für uns größere Bedeutung als dabei zu sein, wenn der Herr Jesus kommt, um die Seinen heimzuholen. Deshalb kämpfen wir alle gegen das ungöttliche Wesen, damit wir mehr und mehr ein Ebenbild Jesu werden. Sich selbst bekriegen ist der schwerste Krieg und sich selbst besiegen ist der schönste Sieg. Wenn wir uns Mühe geben, das zu tun und wenn Du suchst Deinen Eltern gehorsam zu sein, dann darfst Du am Tag des Herrn große Freude erleben für Deine Treue.
Bleibe in einer lebendigen Erwartung, denn wir erwarten den Sohn Gottes von einer Stunde zur andern.
Nun grüße von mir auch Deine Eltern und unser aller Herz gehört dem lieben Stammapostel und damit auch dem Bräutigam unserer Seele. Unser Rufen: Komm Herr Jesu und hole uns heim, wird bald erfüllt sein.

Mit herzlichen Grüßen
...

Also wurde ich in meinen inneren Zerissenheiten wieder fest und sicher. Gott hatte mir durch meinen Onkel R. gesagt: Die Kämpfe sind normal, überwinde nur fest, ich helfe dir dabei.

Welche Chance blieb mir als Kind? Leben und überleben wollte ich. Also galt es, alle Energie, Kraft und Willen in den Dienst dieser Führer und damit Gottes zu stellen, ja gegen mich selbst einzusetzen. Ich besaß kein Zutrauen zu mir, zu meinen Gefühlen und Gedanken. Im Kampf gegen mich und im mich Ausliefern an meine Glaubensführer lag mein Heil, meine Errettung im Wiederkommen Jesu. Und dies konnte täglich geschehen.

Der individuelle Umgang mit der »Botschaft« und mit dem Glauben an das unmittelbar bevorstehende Wiederkommen Jesu war und wurde zum Maßstab der Beurteilung von Menschen, für ihre Einteilung in Gläubige und Ungläubige innerhalb der Kirche; ja der Umgang mit der »Botschaft« wurde zum Herrschaftsinstrument, das Angst und Schrecken auslöste. Immer wieder wurden dramatische Geschichten über Zweifler erzählt. Sehr einprägsam war die Geschichte eines Bezirksapostels namens Güttinger in der Schweiz, der Zweifel an der »Botschaft« geäußert habe und als Folge davon qualvoll an Zungenkrebs gestorben sei, und zwar noch vor dem Stammapostel Bischoff. Erst später erfuhr ich, daß sich auch diese Ereignisse völlig anders zugetragen hatten, als man uns weismachen wollte.

Diese Manipulation durch Angst fraß tiefe Wunden. Die Gläubigen wagten nicht, etwas anderes zu denken als das Vorgegebene. Zur persönlichen Angst vor Kritik und Zweifel, die zur Folge hätten, daß Jesus einen nicht »mitnähme«, kam die Angst vor dem Verderben. Denn wenn Jesus wiederkäme, würde ihm unmittelbar das große Verderben folgen, das über den ganzen Erdkreis kommen sollte. Voller Sorge betrachteten wir die politischen Krisen des kalten Krieges, die Berlin-Krise oder die Kuba-Krise, denn jetzt konnte es soweit sein. Die Sorge und Angst war nur tief in uns drinnen, nach außen blickten wir freudig auf den Tag der Erlösung und Errettung, der ja dem Verderben vorausgehen sollte. Unsere Erlösung stand uns ja jeden Augenblick bevor.

Die Naherwartung hatte auch Konsequenzen für meine Schulzeit. Eine lange Schulausbildung könnte bedeuten, tief im Herzen zu denken: Mein Herr kommt noch lange nicht. Deshalb fragten meine Eltern ihre Segensträger – und schickten mich entsprechend ihrem Rat zunächst auf die Realschule. Als Gotteskind mußte ich natürlich immer vorbildlich sein. Immer mehr zeigte sich, daß sich das Wort des Bezirksapostels Schall, der mich »versiegelte«, mir also den Heiligen Geist spendete, erfüllte: Bei einem Besuch in unserer Gemeinde hatte er mir übers Haar gestreichelt und gesagt: »Das wird ein lieber Junge.« An diesem Satz, an dieser Tatsache sollte ich später noch sehr leiden, denn dieses Liebsein war nicht frei gewählt, sondern Folge eines autoritären Glaubenssystems, das das irdische Leben völlig ablehnte, die Unterwerfung unter die Glaubenshierarchie als heilsnotwendig forderte und alle Lebensentscheidungen und -äußerungen der Bewertung, Beurteilung und Entscheidung durch die Kirchenführer anheimstellte.

Als ich mir mit 13 Jahren ein Fahrrad wünschte, um damit in die Schule zu fahren wie alle anderen Mitschüler auch, gingen meine Eltern zu ihrem Bezirksältesten und fragten ihn um Rat. Sicher war auch die Ängstlichkeit meiner Mutter mit dafür ausschlaggebend, aber der Bezirksälteste sagte nicht etwa: »Das ist allein eure Entscheidung, dazu habe ich nichts zu sagen.« Nein, er riet dazu, mir ein Fahrrad zu kaufen. Also mußte der Segen und damit auch der Schutz Gottes damit verbunden sein. So funktionierte die totale Abhängigkeit!

Immer wieder fühlte ich mich während der Schulzeit als Außenseiter. Die Frustration, nicht an den Aktivitäten meiner Mitschüler teilhaben zu können, schlug oft in eine Art Depression oder Minderwertigkeitsgefühl um. Warum konnte ich nicht so sein wie alle? Was war so schlimm an ihren Freuden? Nur notdürftig ließen sich dank der ständigen Beeinflussung durch Eltern und Segensträger die Risse immer wieder kitten. Ich sagte mir: Ich bin ein Gotteskind, die anderen sind Weltkinder; auf sie wartet das Verderben, auf mich bald die ewigen Freuden. Meine Außenseiterrolle, mein Gefühl des Ausgegrenztseins kompensierte ich mit der Exklusivität und Erhabenheit meines Gotteskind-Seins.

So ging ich auf meine Konfirmation im Jahre 1966 zu. Grundlage des Konfirmandenunterrichts war das Büchlein »Fragen und Antworten über den neuapostolischen Glauben«, eine Art Katechismus. Wir waren stolz, weil uns gesagt wurde, daß unsere Schulkameraden von der evangelischen Kirche sehr vieles auswendig lernen müßten. Für uns galt das nicht. Wir waren ja Gotteskinder. Wir sollten im wesentlichen nur unser Konfirmationsgelübde auswendig vor der Gemeinde hersagen. Und das war etwas Besonderes, was »die anderen« nicht hatten. Ich will es hier vollständig wiedergeben, denn es sollte meine Jugend und mein späteres Leben sehr bestimmen. Es lautet – bis zum heutigen Tage:

> Ich entsage dem Teufel und all seinem Werk und Wesen und übergebe mich dir, o dreieiniger Gott, Vater, Sohn und heiliger Geist, im Glauben, Gehorsam und ernstlichem Vorsatz, dir treu zu sein, bis an mein Ende. Amen.

Dieses Konfirmationsgelübde klingt von außen betrachtet zunächst nicht gefährlich. Warum sollte ich mich zu Beginn meines eigenverantworteten Lebens als mündiger Christ nicht Gott übergeben? Was aber, wenn dieses Gelübde ausschließlich so verstanden wird, daß Gott mit der Neuapostolischen Kirche und ihren Amtsträgern gleichgesetzt wird? Dem Teufel und seinem Werk und Wesen zu entsagen hieß, die Welt meiden. Dies wiederum bedeutete: kein Tanz, kein Kino, kein Fernsehen, kein Vereinsleben, kein Besuch eines Fußballspiels, kein Konzert oder Theater, keine Gemeinschaft und Freundschaft mit »Weltkindern«.

Sich dem dreieinigen Gott zu übergeben in Glauben, Gehorsam und ernstlichem Vorsatz, treu zu sein bis ans Ende, bedeutete: alle Zeit, alle Kraft, den Zehnten des Einkommens oder mehr dem »Werk Gottes« – das ist in der neuapostolischen Sprache die Neuapostolische Kirche – zu geben, kindlich alles zu glauben, was die Amtsträger sagen, nicht zu hinterfragen, vor allem nicht zu kritisieren, alle Aufträge und Ratschläge im Gehorsam zu erfüllen, jeden Gottesdienst zu besuchen, im Chor mitzuwirken, bei der sogenannten »Weinbergsarbeit« mitzumachen, treu zu den »Glaubensvorangängern« aufzuschauen und ihnen nachzufolgen und in ihnen Gott und Jesus selbst zu sehen.

Bis heute ist es üblich, daß die Konfirmandinnen und Konfirmanden von »ihrem lieben Stammapostel« einen Brief erhalten. Die erste Seite »ziert« ein großes Bild dieses Stammapostels. Dieser Brief soll die jungen Menschen ihr Leben lang begleiten. In meinem Brief »Zur Konfirmation 1967« schrieb Stammapostel Walter Schmidt unter anderem:

> ... Neue und noch unbekannte Verhältnisse, denen Ihr begegnet, werden manches Begehren in Euch wachrufen. Alles menschliche Begehren aber muß gezügelt werden, denn sonst würdet Ihr Gefahr laufen, unreinen Geistern zum Opfer zu fallen. Als Geistgetaufte kennt Ihr die Grenzen, innerhalb derer Euch vom Herrn gesagt wird, was gut und böse ist. Hier gilt vornehmlich das Wort des Apostels Johannes: ›Habt nicht lieb die Welt noch was in der Welt ist. So jemand die Welt liebhat, in dem ist nicht die Liebe des Vaters‹ (1 Johannes 2,15).
>
> Ihr seid in das Ackerwerk Gottes gepflanzt und sollt daselbst ausreifen zu einem Ebenbild von Christo Jesu. Achtet bei allem Tun und Lassen darauf, daß Ihr stets ›mit Geduld in guten Werken‹

trachtet nach dem ewigen Leben (Römer 2,7). Vergeßt niemals, daß Ihr mit dem Heiligen Geist gesalbt und dadurch Kinder des Höchsten geworden seid! Euer Wille wird entscheiden, ob Ihr Euch in jeder Lebenslage der hohen göttlichen Berufung und Erwählung bewußt seid und aus dieser Erkenntnis heraus Euer Leben so gestaltet, daß alle Tage Gottes Wohlgefallen auf Euch ruhen kann. Dann wird Euch Gottes Wille stets heilig sein, die Furcht des Herrn in Euch bleiben und der Gehorsam des Glaubens sich prächtig entfalten.
Zwei Aufgaben sind Euch gestellt. Einmal gilt es, in jeder Beziehung pflichtbewußt und freudig die übertragenen Arbeiten zu erfüllen und ein makelloser Staatsbürger zu bleiben. Andererseits möge es täglich Euer heiligstes Streben sein, diese Welt einmal in gottgewollter Würdigkeit zu verlassen und schließlich Bürger der neuen Schöpfung sein zu können.
Vermehrt auch in Euch die Gaben, die Ihr in der heiligen Versiegelung empfangen habt! Auch diese wollen sich entfalten, weil sie Leben aus Gott sind und Euch als Pfunde verliehen wurden, über die der Herr einmal Rechenschaft fordert. Mit jedem Tag, den Ihr neu erlebt, wächst auch die Verantwortung Euren Eltern, Vorgesetzten und Seelsorgern gegenüber. Nicht weniger seid Ihr auch verantwortlich für die Stellung, die Euch der himmlische Vater schon vor Grundlegung der Welt durch seine Erwählung zugedacht hat.
Kinder Gottes, das wissen wir, gelten in den Augen der Menschen nur als Nullen. Entscheidend aber ist, daß wir ohne Abstand hinter der Eins stehen! Und diese Eins ist Jesus, der Bräutigam unserer Seele. Nur in engster Verbindung mit ihm macht uns der Herr wertvoll, wie er dies durch Jesaja sagen ließ: ›Weil du so wert bist vor meinen Augen geachtet, mußt du auch herrlich sein, und ich habe dich lieb‹ (Jesaja 43,4) ...

Heute ist dieser Brief für mich ein wichtiges Dokument dafür, wie mir durch eine verklausulierte und magische Sprache, die Bibelworte in neuapostolische Machtstrukturen übersetzt und auf während der ganzen Kindheit vorbereitete innere Resonanzstrukturen trifft, psychische Gewalt angetan wurde.

Die Jugend

Bis zu meinem Ausstieg aus der Neuapostolischen Kirche und noch danach sollte mich mein Konfirmationsgelübde verfolgen. Immer wieder wurde und wird es in Gottesdiensten und bei Familienbesuchen durch die Amtsträger zitiert. Weil es sich um ein Gelübde handelt und deshalb in fast magischer Weise mit einem Schwur in Verbindung gebracht werden kann, wurde es besonders in Phasen kritischen Nachdenkens und Nachfragens eingesetzt. Selbst nach meinem Ausstieg sollte mir noch durch meine Schwiegereltern gesagt werden: »Denk daran, was du vor Gott gelobt hast am Tage deiner Konfirmation.«

Diese magische Funktion des Konfirmationsgelübdes wird besonders in der Jugendzeit inszeniert. Immer und immer wieder predigten der Jugendleiter, der Vorsteher, die Bezirksämter und Apostel mit Bezug auf dieses Gelübde: »Ein gebrochenes Versprechen ist ein gesprochenes Verbrechen.« Mit diesen wiederholten Warnungen vor dem gesprochenen Verbrechen wurde Angst aufgebaut und gepflegt, die Angst, keinen Gottesdienst mutwillig zu versäumen, das Wort vom Altar immer im kindlichen Glauben aufzunehmen, einen Amtsträger auch dann zu lieben, wenn er menschlich unsympathisch ist. Alles gerade in der Jugendzeit aufkeimende Leben, jede Lebenslust und Lebensfreude, auch jedes Aufbegehren und jede Entwicklung der eigenen Persönlichkeit wurden so im Keim erstickt.

Nur solche Regungen des Lebens waren würdig, das Licht der Welt zu erblicken, die vor dem gestrengen Auge Gottes bestehen konnten. Und dieses »Auge Gottes« waren die Amtsträger; sie setzten die Maßstäbe, die Normen, Moralvorstellungen und Werte der Kirche. Im Verborgenen etwas zu tun, war strengstens verboten. Immer wieder hörte ich: Auch wenn du meinst, es sieht niemand, Gottes Auge sieht alles, er sieht ins Verborgene, er sieht sogar deine Gedanken, und auch die sollen rein sein.

Auch in der Jugend forderte die NAK die absolute Unterwerfung der Persönlichkeit, des Lebens, das eigentlich gerade beginnen wollte zu leben, in nahtloser Fortsetzung der Kindheit und der dort gelernten Autoritätsgläubigkeit, der Unterwerfung unter kirchliche Dogmen und Normen, der Endzeiterwartung und des daraus folgenden Drucks, ständig alles richtig und gut machen zu müssen, damit überhaupt die Chance zur Errettung und Erlösung bestand. Die Autorität des Elternhauses wurde nach der Konfirmation und während der Pubertät ergänzt und später ersetzt durch die Kirche und ihre Amtsträger.

Schon während der letzten beiden Schuljahre kamen die Bewährungsproben. Natürlich gefielen mir einige Mädchen. Aber es waren ja »Weltkinder«, keine Gotteskinder. Außerdem fehlte mir durch das perfekt angelegte System der Unterdrückung und Negativbewertung aller menschlicher Regungen und Entwicklungen der Mut zum Risiko, der Mut, mich auszutesten. Welt- und Fleischeslust waren ja etwas ganz Schlimmes und Satanisches.

In diesen ersten Jahren nach meiner Konfirmation war ich nach der Schule in meiner Freizeit voll und ganz »für den Herrn« tätig. Montagabend: Singstunde, Dienstagabend: Jugendgottesdienst oder Jugendchorsingstunde oder »Weinbergsarbeit«, das hieß, von Tür zu Tür gehen, um Menschen in unsere Gottesdienste einzuladen, Mittwochabend: Gottesdienst, Donnerstagabend: »Weinbergsarbeit«, Samstagabend: oft Bezirksjugendchor-Singstunde, Sonntag: Gottesdienst vor- und nachmittags.

Schließlich kam die Zeit der *Berufswahl*. Dabei machten sich konkurrierende Bewußtseinsebenen bei meinen Eltern bemerkbar, ohne daß uns dies aber bewußt wurde: Einerseits sollte ich trotz guter Schulergebnisse nicht weiterführende Schulen besuchen oder gar später noch studieren, denn wir warteten ja auf das Wiederkommen Jesu »von einer Morgenwache zur anderen«. Andererseits sollte es ein sicherer Beruf sein, Beamter war da genau das Richtige. Diese Schizophrenie wurde meinen Eltern wie auch mir erst nach meinem Ausstieg voll bewußt. Das Sicherheitsdenken, das dann letztlich den Ausschlag für meine Berufslaufbahn als Verwaltungsbeamter gab, war natürlich ebenso wie die Endzeiterwartung von der Kirche gefördert worden. Denn wir waren ja in einer schlimmen Welt. Wir sahen ja ständig, wie es ein Stammapostel formulierte, nicht schwarz, aber das Schwarze, also das Bedrückende, das Erdrückende, das Satanische in dieser Welt. Und den besten Schutz bot hier in meinem Falle wohl der Status eines Berufsbeamten. Natürlich wurde der Rat der Amtsträger eingeholt. Erst als diese unsere Wahl auch für gut befanden, schlug ich diese Laufbahn ein.

Das Spiel ging weiter. Nach dem Schulabschluß war ich drei Jahre lang in einer Gemeindeverwaltung tätig, anschließend folgte ein Studium. Tagsüber, abends und sonntags war ich für den »Herrn und sein Werk« unterwegs. Ich hatte ja gelobt, ihm treu zu sein bis an mein Ende. Tagsüber gab ich mich nach außen wie ein normaler Mensch, strebsam natürlich, brav und angepaßt, unauffällig, ein Vorbild in allen Dingen. Denn die Welt sollte ja erkennen, daß ich ein Gotteskind bin. Natürlich wäre ich gerne mal mit Kollegen oder mit Kommilitoninnen ins Kino, ins Theater oder in die Kneipe gegangen. Aber: »Das tut ein Gotteskind nicht.« Also entsagte ich. Ich erklärte mir und anderen, ich hätte keine Lust zum Tanzen oder Fußballspiele anschauen würde mir keinen Spaß machen. Tatsächlich reizten mich diese Dinge natürlich gewaltig. Aber solche Wünsche und Begierden mußte ich als treues Gotteskind überwinden. Ich war zu Höherem berufen. Und täglich konnte ja Jesus kommen!

Aber nicht immer konnte ich widerstehen. Eines Tages war Kirmes, und ich bekam von der Gemeindeverwaltung Frei-Chips für den Auto-Scooter. Ich konnte die Lust, erstmals in meinem Leben – inzwischen 17 Jahre alt – auf eine Kirmes zu gehen und Auto-Scooter zu fahren, nicht überwinden. Heute noch fühle ich die extreme Anspannung in mir und die unendliche Angst, ein Glaubensbruder oder eine Schwester oder gar Amtsträger könne just in diesem Moment vorbeikommen und mich entdecken. Anschließend mußte ich sofort meine Eltern anrufen, um zu überprüfen, ob Jesus nicht gerade in dieser Zeit gekommen sei. Denn mir war ja eingeimpft worden, daß er die Seinen, die sich bei seinem Wiederkommen an Stätten der Weltlust aufhalten, nicht mitnehmen würde. Mir fiel ein Felsklotz vom Herzen, als meine Eltern noch da waren, und ich hoffte, daß Jesus nicht bis zum nächsten Sonntag, an dem mir meine Sünde durch das Wort der Priester vergeben werden würde, käme. Er kam nicht, und ich schwor mir, nie wieder solche Stätten zu besuchen. Die Angst, mein schlechtes Gewissen waren mir lebendiger Beweis, daß Gott mich in seiner Liebe warnt vor solch teuflischen Kontakten und vor dem Nachgeben gegenüber der Weltlust.

Ich erinnere mich noch sehr lebendig an einen sogenannten großen Jugendtag, der vom damaligen Bezirksapostel des Bezirks Württemberg, einem späteren Stammapostel, gehalten wurde. Er mahnte und warnte uns mit folgendem Wort:

> Liebe Jugend, behüt euch Gott, die Welt ist schlimm, verderblich ist ihr Haß und Grimm, verderblicher ihr Glanz und Glück, vor des Verführers goldnem Strick behüt euch Gott.

Dieser Satz sollte in meinem späteren Leben immer wieder von allen möglichen Amtsträgern und bei allen denkbaren Anlässen zitiert werden. Auch ich selbst habe ihn als Amtsträger mit Vorliebe verwendet. Was bedeutete ein solcher Satz in meinem Leben? Die Welt, also alles außerhalb der Grenzen des Werkes Gottes, ist böse. Ihre angeblichen Freuden sind Scheinfreuden – ein goldener Strick, an dem uns der Teufel zur Schlachtbank führt. Also blieb ausschließlich die Kirchenwelt. Die Freuden unserer Kollegen, Nachbarn, Mitstudenten waren nur goldene Freuden- und Taumelbecher Satans, die alle einen bitteren Nachgeschmack hatten. Ja, der Giftbecher Babels führte sogar zum Tod. *Nur wir* hatten den Freudenwein Jesu, im Apostelamt.

Neben Arbeiten, Studieren, Lernen, bestand mein Leben und meine Freizeitgestaltung ausschließlich aus kirchlichen Aufgaben. So waren alle Tage restlos verplant; zweimal in der Woche, wie schon erwähnt, gingen wir abends zur »Weinbergsarbeit«, mit einem Diakonen oder Priester von Tür zu Tür, um Menschen in unsere Gottesdienste einzuladen. In der Anfangszeit brauchte ich selbst an den Wohnungstüren nichts zu sagen. Später »durfte« ich erste Versuche machen, der Segensträger war ja dabei und betete, solange ich klingelte und vorsprach. Ständig verfolgte mich die Angst, es könne jemand die Türe öffnen, die oder den ich kenne. Aber auch diese Angst hatte ich zu überwinden.

Schließlich galt Jesu Wort: »Wer mich bekennet vor den Menschen, den will ich bekennen vor meinem himmlischen Vater. Wer mich aber verleugnet vor den Menschen, den will ich auch verleugnen vor meinem himmlischen Vater.« (Matthäus 10, 32.33) Wie alle derartigen biblischen Worte, legte die Kirche auch dieses auf Jesus bezogene Wort ausschließlich für sich selbst aus. Jesus ist gleich Neuapostolische Kirche. Unbesehen habe ich diese geistige Kapriole übernommen und mitvollzogen, ich hatte es nie anders gehört oder gelernt. Jesus zu bekennen, hieß für mich, meinen neuapostolischen Glauben bekennen. Umgekehrt: Mich meiner Mitgliedschaft in der Neuapostolischen Kirche zu schämen, mich nicht offen, frei und jedermann gegenüber zu meinem neuapostolischen Glauben zu bekennen, hätte zwangsläufig zur Folge gehabt, daß Jesus mich bei seinem Wiederkommen verleugnen würde. Und wir warteten ja täglich auf seine Wiederkunft. Die Angst vor dem Zurückbleiben gab mir Kraft, meine inneren Widerstände zu überwinden und nach außen vorbildlichen Bekennermut zu zeigen.

Wie stolz war ich, als ich nach einigen Jahren der Bewährung im Weinberg des Herrn einen eigenen Bezirk zugewiesen bekam! Das waren einige Straßenzüge in meiner Heimatstadt, vielleicht vier, fünf oder acht Straßen, für die ich zuständig war. Wie ich es von den leitenden Amtsträgern gelernt hatte, legte ich mir ein Büchlein zu, in dem die Straßen und Häuser vermerkt waren. Jedesmal, wenn wir abends irgendwo geklingelt und Kontakt bekommen hatten, wurde dies anschließend fein säuberlich notiert: die Namen der Gesprächspartner, aber auch ihre Reaktion. Wenn nicht strikte Ablehnung kam, schrieb ich auf: eventuell interessiert, zum nächsten Gästegottesdienst einladen, oder so ähnlich. Auch wenn die Gesprächspartner persönliche Dinge erzählten, wurde dies gleich festgehalten, es könnte ja beim nächstenmal wieder Anknüpfungspunkt für eine Einladung sein. Mein Ziel war, in meinem Gebiet alle Haushalte pünktlich und gewissenhaft zu besuchen. Denn uns wurde eingeschärft, daß wir »die letzte Seele um Mitternacht« suchen. Sobald sie gefunden sei, werde der Herr Jesus kommen und die Seinen zu sich nehmen. Und dann wäre alles Leid und alle Sorge, alle Tränen und alles Weh auf dieser buckeligen Welt zu Ende. Vielleicht sollte gerade ich diese Seele finden! Wenn ich also nicht peinlich genau und treu meine Arbeit verrichtete, könnte ja gerade diese Seele entwischen. Niemand erkannte, wie wenig Gottvertrauen da vorhanden war: Gott sitzt im Himmel und bangt darum, daß wir an den richtigen Türen läuten.

Das Unterdiakonenamt

Seit meiner Konfirmation hatte ich mich als treues, standhaftes und gläubiges Gotteskind erwiesen. Die fast zwangsläufige Folge einer solchen Haltung war, daß ich ins Unterdiakonenamt eingesetzt wurde. Später hörte ich die Kirchenführer oft davon sprechen, daß ein Amt auch der »Bewahrung« dient. Wenn man also schon einen Heranwachsenden über die Konfirmation gerettet, die Pubertät mit allen psychischen Mitteln und Tricks unterdrückt hatte und ihn bis zum 18. Lebensjahr vor den weltlichen Einflüssen bewahren konnte, dann sollte ab achtzehn ein Amt dies bezwecken.

14. Juni 1970: Apostelbesuch in unserer Gemeinde: Ich kam in die Kirche, wurde sofort in einen Nebenraum gerufen, wo man mir eröffnete, daß ich an diesem Tag im Gottesdienst das Amt eines Unterdiakonen empfangen solle. Ich willigte ein, eine Ablehnung hätte ja bedeutet, daß ich Gott selbst und seinen Ruf zurückweise. Gegen Ende des Gottesdienstes wurde ich mit anderen zum Altar gerufen, wurde dort nochmals gefragt, mußte öffentlich »vor Gott und der Gemeinde« Ja zum Amt sagen, anschließend vor dem Apostel niederknien und wurde dann von ihm ordiniert. Ich fühlte eine große innere Bewegung. Jetzt war ich ein »Knecht Gottes«.

Meine Aufgabe bestand hauptsächlich darin, vor und nach den Gottesdiensten an der Kirchentüre die Glaubensgeschwister und Gäste zu begrüßen und zu verabschieden. Erstmals erfuhr ich, daß und wie heimlich Statistiken geführt werden: Mit der rechten Hand begrüßte ich die Ankommenden, in der linken Hand hielt ich eine Zähluhr verborgen, mit der jede/r erfaßt wurde. Darüber hinaus hatte ich gemeinsam mit anderen Diakonen die Vorbereitungsarbeiten für den Gottesdienst zu verrichten, die Abendmahlsgeräte zu reinigen und auf dem Altar zu plazieren, ebenso die Bibel und die Gesangbücher zu verteilen. Fortan war es für mich Pflicht, im Gottesdienst einen schwarzen Anzug und eine schwarze Krawatte zu tragen. Mein Zeiteinsatz für das »Werk Gottes« steigerte sich natürlich. Im Chor und Jugendchor wirkte ich unverändert mit. In der Weinbergsarbeit wurde ich jetzt sozusagen zum Vorarbeiter für andere Jugendliche, die wie ich in den vorangegangenen vier Jahren eingewiesen, geschult und getrimmt werden mußten. Ich hatte jetzt Vorbild zu sein. In Jugendgottesdiensten wurde ich jetzt auch zum »Mitdienen«, also Predigen, aufgerufen. Ich, selbst gerade 18 Jahre alt, sollte Jugendlichen als Amts- und Segensträger dienen, sie im Glauben stärken, ihnen vorangehen, sie zur Nachfolge und zum Gehorsam gegenüber Gottes Wort, geoffenbart in seinen Knechten, anleiten.

Als Unterdiakon wurde ich einem Priester der Gemeinde zugeteilt. Damit war auch der letzte freie Tag im Wochenablauf, der Freitag, verplant. Denn da nahm mich der Priester regelmäßig zu seinen Familienbesuchen mit. Aber er war ja mein Segensträger, und wenn der Herr durch seinen Knecht mich brauchte, dann hatte ich zur Stelle zu sein. Als Amtsträger hatte man uns immer eingeschärft, genauso zu handeln wie Samuel, der gesagt hatte: »Hier bin ich, rede, Herr, dein Knecht hört.« Manchmal forderte der Priester mich auf, ein paar Worte zu den Glaubensgeschwistern zu sagen. Schüchtern kam ich der Aufforderung nach und sagte ein paar Sätze, unsicher, aber überzeugt, der Heilige Geist habe sie in mir erweckt.

Als Glaubensvorangänger sollten die Jugendlichen zu mir in der Mitarbeit, im Glauben, in der Nachfolge, im Gehorsam, besonders aber auch bei der *Partnersuche* aufschauen können. Jugendleiter, Amtsträger, Kirchenzeitschriften bleuten uns ein, einen Partner nur innerhalb der Kirche zu suchen. In schwärzesten Farben wurde ausgemalt, wie unglücklich Freundschaften oder Ehen mit nicht-neuapostolischen Partnern verlaufen seien. Wenn es dann jedoch einmal über die Kirchengrenze hinweg funkte, sollte man versuchen, die/den andere/n ins »Gotteswerk« hereinzubringen. Für streng gläubige Eltern gibt es nichts Schlimmeres, als daß ihr Kind eine/n nicht-neuapostolische/n Freund/in hat.

Ich mußte also, wie jedes »treue Gotteskind«, meine Partnerin innerhalb der Neuapostolischen Kirche suchen. Ganz offen in eine Freundschaft zu gehen, einmal zu prüfen, welches Mädchen ich mag, sich vielleicht auch wieder zu trennen – das sollte es nicht geben. Vielmehr wurde ich angehalten, stets die Bindung auf Lebenszeit im Auge zu behalten. Schon die wachsamen Augen der Glaubensgeschwister in der Gemeinde sorgten dafür. Was würden die Geschwister sagen, wenn ich schon wieder eine neue Freundin hätte – zumal als Amtsträger, als Vorbild. Und der »Klatsch« funktionierte in unserer »Gottesfamilie« perfekt.

Außerdem wollte ich ja glücklich werden und von Gott gesegnet sein. Dazu mußte ich mich an seine Gebote, Ratschläge und Weisungen halten, die mir von seinen Knechten, meinen Segensträgern, gegeben wurden. Also gab es keine Freundschaft mit einem Welt-Mädchen. Mir gefielen zwar einige Mädchen in der Schule oder beim Studium, aber es waren eben keine Gotteskinder. Und durch solche Mädchen mein ewiges Seelenheil in Gefahr bringen, wie mir eingeschärft wurde, wollte ich wiederum auch nicht.

Als Partnervermittlungsmarkt dienten neben dem Angebot in der eigenen Gemeinde vor allem die Jugendgottesdienste und -singstunden auf Bezirksebene und die Jugendausflüge. Besonders beliebt waren dabei die ein- bis zweimal jährlich an Feiertagen stattfindenden bezirksübergreifenden Mammut-Jugendausflüge oder die Zusammenkünfte mit Jugendlichen ganz anderer Ältestenbezirke. Für die Jugendlichen rücken damit neue Gesichter ins Blickfeld, falls man am heimatlichen »Markt« chancenlos blieb.

Einen umfassenden Heiratsmarkt bot auch die Kirchenzeitschrift »Unsere Familie«. Dort sucht »Glaubensschwester, Orgelspielerin, Chorsängerin, einen treu und freudig im Glauben stehenden Bruder, der zu Ehren und im Sinne unseres himmlischen Vaters zu leben bestrebt ist«. In meiner Jugend erlebte ich, wie in meiner unmittelbaren Verwandtschaft ein Mädchen einen »Welt«-Freund hatte, ihn liebte und glücklich war. Die Amtsträger setzten alle Hebel in Bewegung, ihr diese Freundschaft auszureden und malten ihr in den schwärzesten Farben die Zukunft aus. Schließlich beendete sie die Freundschaft, denn die Segensträger hatten ihr versprochen, Gott habe für sie einen anderen Partner bereit. Sie suchte über die Zeitschrift »Unsere Familie« und fand einen Glaubensbruder, einen Priester. Über ihren Vorsteher erkundigte sie sich beim Vorsteher des Kandidaten nach seinem Leumund. Der war bestens: treue, gläubige neuapostolische Familie, Amtsträger. Was wollte sie mehr? Ihre Glaubensvorangänger bestätigten ihr diesen Mann als von Gott gegeben und die Begegnung von ihm gelenkt. Sie bekomme sogar einen Knecht Gottes zum Mann, eine besondere Erwählung. Die Ehe verlief vom ersten Tag an und bis heute tragisch. Aber die Ämter hielten daran fest: Es war ein Gottesgeschenk. Welche Unmenschlichkeit, ja geradezu Menschenverachtung im Namen Gottes!

So trainiert und manipuliert suchte also auch ich meine künftige Ehefrau im Kreise der neuapostolischen Jugend. Treu mußte sie sein, gläubig, möglichst im Chor singen als Bestätigung ihrer Festigkeit im Glauben. Nach ein oder zwei Fehlversuchen fiel eine große Liebe im Heimatort meiner Mutter der Entfernung und Verkrampfung zum Opfer. Besorgte Eltern und Amtsträger machten mich darauf aufmerksam, daß die Tochter des Vorstehers einer Nachbargemeinde noch frei, hübsch und fest im Glauben sei, schon kraft ihres Elternhauses.

Eine Freundschaft entwickelte sich. Die Eltern des Mädchens kannten die meinigen und wußten um deren Glaubenstreue. Da die Urgroßmutter meiner Freundin in unserer Nachbarschaft wohnte, wußten sie, wie gläubig ich die alten Geschwister besuchte und betreute. Amtsträger war ich außerdem, fast schon ein Garantieschein. Ich meinerseits wollte jedoch die Bestätigung und den Rat »des Herrn«. Also ging ich zu meinem Bezirksältesten und fragte ihn, ob er mir zu dieser Freundschaft raten könne. Er überlegte – und riet mir ab. Der liebe Gott würde für mich noch eine andere Frau bereithalten können. Ich war allerdings schon so verliebt, daß ich diesem Rat nicht Folge leistete. Ich sprach mit niemandem darüber, vor allem nicht mit meiner Freundin. Diese Aussage des Ältesten sollte mich aber über all meine Ehejahre verfolgen. Immer wenn Schwierigkeiten auftraten, dachte ich daran und überlegte, ob sie daher kommen, daß ich den Rat des Herrn nicht befolgt hatte. Später erst konnte ich mir einen Reim auf den eigentlich unverständlichen Rat des Bezirksältesten machen: Er war geharnischter Verfechter der »Botschaft« von J.G. Bischoff, der Vater meiner Freundin weniger.

In dieser Situation erbat ich – eine andere Methode – von Gott ein Zeichen. Irgendein Bibelwort, ein bestimmter Satz, von einem Amtsträger am Altar ausgesprochen, oder ähnliches. Das Zeichen erfüllte sich. Also blieb ich bei meiner Freundschaft. Wir sahen uns samstags- und sonntagsabends, ab und zu auch mal wochentags. Um 22 Uhr mußte sie und eigentlich auch ich zuhause sein. Denn uns wurde gelehrt, nur bis zu diesem Zeitpunkt begleite uns der Engelschutz. Viele Gruselstorys von ungehorsamen Geschwistern, denen nach 22 Uhr Unfälle passierten, machten die Runde. 22 Uhr zuhause war »göttliche Ordnung«. Getrieben von der Unzertrennlichkeit junger

Verliebter wurde es dann allerdings ab und zu etwas später, aber mit extrem schlechtem Gewissen und in ständiger Angst.

Sexualität war ein besonderes Problem. Der Kirche war sehr daran gelegen, dieses Thema zu verdrängen. Uns wurde jedoch mit allem Nachdruck eingeflößt, daß treue Gotteskinder »rein« in die Ehe gehen. Dies sei »göttliche Ordnung« und göttlicher Wille. Damit war das Problem der Auseinandersetzung entzogen. Mit Gott konnten wir ja nicht darüber sprechen. Aber wenn Gottes Boten uns dies so sagten, dann mußten wir uns daran halten. Die Folgen einer Nichtbeachtung dieses Gebots wurden uns als schrecklich ausgemalt: Der Verlust des Segens Gottes war da noch harmlos, schlimmer hätten die »heilsamen Schrecken« sein können, die Gott uns schicken würde. Ein Amtsträger erzählte uns, die Ehe werde erfahrungsgemäß unglücklich verlaufen, wenn sich Gotteskinder nicht an diese göttliche Ordnung und das NAK-Reinheitsgebot hielten. Und von wegen heimlich – Gott sieht alles, er sieht ins Verborgene. Wir hatten keine Chance, der unmenschlichen Verdrängung tief empfundener menschlicher Gefühle zu entrinnen.

Ein Jahr vor unserer Hochzeit verlobten wir uns, wie in der Neuapostolischen Kirche üblich, feierlich vor der Gemeinde im Rahmen eines Gottesdienstes. Zum Ja-Wort, dem Gelöbnis, das wir vor der Gemeinde abzulegen hatten, gehörte das Versprechen, weiter rein zu bleiben. Wenn uns dies aus einem Rest menschlichen Empfindens nicht immer perfekt gelang, dann nur mit einem extrem schlechten Gewissen und in Angst vor den Strafen und dem Auge Gottes. Viele Jahre lang führte ich Streitigkeiten oder Probleme, die es in unserer Ehe – wie in jeder anderen – gab, darauf zurück, daß wir uns nicht vollständig, sondern nur größtenteils an Gottes Reinheitsgebot gehalten hatten.

Nicht genug der inneren Drohgebilde und Ängste vor dem allwissenden Gott, die die Kirche in uns Jugendlichen aufgebaut hatte. Für Amtsträger gab es noch ein besonderes Druckmittel. Wenn ein Paar heiraten »mußte«, wurde der Vater des Kindes seines Amtes enthoben. Eine öffentliche Schande, eine Bloßstellung vor der Gemeinde, ja vor dem ganzen Bezirk. Solche Fälle sprachen sich schnell herum in der »Gottesfamilie«. Davor hatte ich, wie jeder andere junge Amtsträger, natürlich eine Heidenangst. Und so gottlos, Verhütungsmittel einzusetzen, waren nur wenige, nicht ganz so treue Jugendliche.

Das Diakonenamt

Am 6. Juni 1972 wurde ich in der Kirche unserer Kreisstadt durch Apostel K. ins Diakonenamt ordiniert.

Mein Lebenswandel, meine Zeitopfer, mein Einsatz für Gottes Werk waren also so vorbildlich, daß schon nach zwei Jahren Unterdiakonenamt diese »Beförderung« erfolgte. Nach der Lehre der Neuapostolischen Kirche wurde ich dazu von Gott erwählt. Die Erwählung Gottes wird in den Herzen der vorgesetzten Amtsträger erweckt. So die Theorie. In der Realität aber beobachteten die Vorsteher die jungen Glaubensbrüder, ob sie bei allen Aktivitäten immer treu und brav dabei sind, nichts an kirchlichen Angeboten versäumen, sich anständig und vorbildlich verhalten, und wählen dann die Geeignetsten aus.

So wurde ich, 20jährig, also »von Gott« gerufen und stand nun vor dem Apostel. Er redete mit mir, ich mußte vor ihm niederknien und empfing mit der Ordination durch Handauflegung seinen Segen, also den Segen Gottes und den Auftrag des Apostels. Nach dem Gottesdienst folgten, wie in solchen Fällen üblich, viele Glück- und Segenswünsche wie bei einer echten »Beförderung«. So wird die Ordination innerhalb der NAK auch oft bezeichnet, zwar eher im Scherz, aber dennoch aufschlußreich. Mit wachsender Achtung und Ehrfurcht wurde ich behandelt, schließlich war ich jetzt eine Stufe höher Knecht des Herrn. Amtseinsetzungen sind in den Gemeinden immer sehr wichtig. In der Berichterstattung über Apostel-Gottesdienste sind sie oft das einzige und wichtigste, worüber geredet wird.

In diese Amtsstufe fiel eine Zeit von einem halben Jahr, in der ich in eine etwa 20 km entfernte kleine Gemeinde abgeordnet wurde. Der Grund: Der Vorsteher dieser Gemeinde wohnte in meiner Heimatstadt, war zunächst hier Priester und wurde dann zum Vorsteher der dortigen Gemeinde gesetzt. Er hatte aber kein eigenes Auto. Also suchte man einen treuen Diakon mit PKW. Das war ich. Nun fuhr ich jeden Abend und sonntags zweimal mit dem Vorsteher dorthin, jeweils eine halbe Stunde Hin- und Rückfahrt, dazwischen das übliche: Gottesdienste, Familienbesuche, Weinbergsarbeit, Jugendarbeit.

Gefragt hatte mich niemand ernsthaft. Diesen Auftrag anzunehmen war fast eine Automatik, denn mich fragte ja nicht ein Mensch, sondern Gott persönlich durch seine Knechte. Sollte ich Nein zu Gott sagen?

Aus diesem Grund sah ich meine Freundin noch weniger. So gingen wir auf die Hochzeit zu, unverändert bemüht, Gott wohlgefällig zu leben. Das hieß vor allem auch: Zuerst kommt der Höchste, dann kommt der Nächste, dann kommt ein dicker Strich, und ganz am Schluß komme ich. Und zu mir gehörte auch meine Liebe, meine Freundin. Aber wen kümmerte das schon? Für alle Opfer winkte mir ja ewiger Segen.

Einen etwas greifbareren und sichtbareren Segen wünschten wir uns zu unserer Hochzeit, die am 30. November 1975 stattfand. Wir wollten im Rahmen eines Sonntagsgottesdienstes heiraten. Denn es hieß damals: Der Segen ist sonntags größer als bei einer Hochzeit am Samstag. Für die junge Ehe gab es keine Rücksicht, für die Ehefrau keine Gnade. Abend für Abend war ich »für den Herrn« unterwegs. Derselbe Einsatz wie vorher. Meine frischvermählte Ehefrau verstand und akzeptierte meine Abwesenheit schon aus ihrer Erfahrung mit ihrem Vater. Auch er war als Vorsteher einer Gemeinde nie bei seiner Familie. Eine wirkliche Beziehung konnte so in den ersten wichtigen Jahren nicht entstehen. Hilfreich war dabei sicher, daß der Frau eingeredet wird, sie würde am Tag des Herrn einen Teil des Lohnes ihres Mannes, der ja »Knecht Gottes« ist, empfangen, quasi als Entschädigung. Noch mit einer anderen hanebüchenen Phrase wurde die junge Ehefrau niedergehalten. Schon bei der Hochzeit – vor allem mit einem Amtsträger – wurde uns folgendes erklärt: Der Mann ist die 1, die Frau ist die 0, und nur wenn sich die 0 hinter die 1 stellt, ergibt das einen höheren Wert, nämlich 10. Würde sich die 0, also die Frau, vor den Mann, die 1, stellen, so wäre kein Gewinn damit verbunden. Also Frauen, stellt euch schön demütig hinter den Mann! Dies wurde und wird in weiten Kreisen immer noch akzeptiert.

Als Diakon hatte ich im wesentlichen dieselben Aufgaben wie als Unterdiakon. Allerdings auf höherer Ebene. Jetzt war ich »Vorangänger« und Vorbild auch des Unterdiakons. Wenn ich mit einem Unterdiakon unterwegs war und einen Besuch machte, mußte – oder durfte? – ich beten. Es kamen auch schon mal »Geschwister« zu mir und legten mir als »dem Herrn« ihr Anliegen zu Füßen. Ich sollte für sie beten, also als Fürsprecher für sie vor Gott treten. Es war mir ein sehr ernsthaftes Anliegen, diesem göttlichen Anspruch gerecht zu werden.

Der Schwerpunkt meiner Arbeit als Diakon war die »Arbeit im Weinberg des Herrn«, also die Mitgliederwerbung an den Haustüren und sonstige Werbemaßnahmen. Die NAK beruft sich bei ihrer Werbung um neue Mitglieder auf den Missionsauftrag Jesu nach Matthäus 28, 19.20: »Mir ist alle Macht verliehen worden im Himmel und auf Erden. So geht denn hin und sammelt mir aus allen Völkern Jünger: Führt sie durch die Taufe in die Gemeinschaft des Vaters, des Sohnes und des Heiligen Geistes und lehret sie gehorchen allem, was ich euch geboten habe.« Darauf gründet sich der Antrieb der NAK-Mitglieder, noch die letzte Seele für die Wiederkunft Jesu zu finden. Die offizielle Parole lautet: »Sucht mir das letzte Schaf um Mitternacht.« Denn, so heißt es weiter, wenn der Letzte an der Stirn versiegelt ist, den Gott auserwählt hat, dieser also durch Handauflegung eines Apostels das Siegel der Gotteskindschaft empfangen und damit in die Gemeinschaft der Heiligen aufgenommen wurde, dann wird Gott seinen Sohn senden. Dieser wird, wie lange ersehnt, die Seinen zu sich nehmen, die damit die verhaßte Welt, die nur Trauer, Leid, Last und Sorge in sich trägt, endlich verlassen können. Wer an diesem Tag dabeisein und nicht dem ewigen Verderben ausgeliefert sein will, muß an dieser Suche aktiv mitwirken und darf nicht »müßig am Wegesrand stehen«.

Immer und immer wieder wurde uns dies gesagt. Ohne Nachdenken begriffen wir unterbewußt: Wenn ich nicht wuchere mit meinem von Gott gegebenen Pfund und also im Weinberg des Herrn arbeite, bin ich vom Himmelreich ausgeschlossen. Ich habe Rechenschaft abzulegen. Daß ich ein Pfund habe, sagen mir meine Glaubensvorangänger. Nicht ich entscheide, ob ich ein Talent habe und welches. Sie geben die Anweisung. Wenn ich also bei dieser Arbeit nicht in irgendeiner Weise mitmache, bin ich faul, lasse mein Pfund brachliegen und werde letztendlich von Gott ausgeschlossen. Ein Grund etwa dergestalt, daß einem das Missionieren nicht liegt, man keine Zeit hat, mit diesem Thema nicht auf fremde Menschen zugehen kann oder will, hätte das Glaubenssystem nicht akzeptiert.

Druck wurde vor allem mit dem Jesuswort ausgeübt:

> Wer mich bekennet vor den Menschen, den will ich auch bekennen vor meinem himmlischen Vater.
> *(Matthäus 10,32)*

Dies hieß konkret in die Kirchenpraxis übersetzt: Nur derjenige, der freudig bekennt, ein Gotteskind, also neuapostolisch zu sein, und Zeugnis ablegt davon, daß es wieder lebende Apostel gibt, die den Heiligen Geist spenden, und daß er täglich auf die Wiederkunft Christi wartet, nur zu dem wird sich Jesus bei seiner Wiederkunft bekennen, ihn zu sich nehmen.

Die Formulierung »letzte Seele« klingt sehr merkwürdig vor dem Hintergrund, daß in der Neuapostolischen Kirche vor allem Zahlen eine herausragende Rolle spielen. In unserer Gegend wurden nicht sehr viele neue Mitglieder gewonnen. Um so mehr freuten wir uns über hohe Besucherzahlen bei Gästegottesdiensten, dem sogenannten »Gästesingen« und bei Adventskonzerten. Dabei war oft ein Konkurrenzdenken zwischen den einzelnen Gemeinden feststellbar. Die erste Frage nach einem solchen Ereignis lautete: »Wie viele hattet ihr?« Und insgeheim waren wir stolz, wenn wir mehr hatten. Waren unsere Erwartungen enttäuscht worden, kam von irgend jemandem sofort der Hinweis: Wir suchen ja die »letzte Seele«, es geht gar nicht um Zahlen.

Weil die Erfolgsquote durchschnittlich sehr gering war, wurde der Blick in die sogenannte »Dritte Welt«, die Missiongebiete, gelenkt. In offiziellen Verlautbarungen heißt es, daß dort »verlangende Seelen in Scharen hinzukommen«. Inzwischen habe man fast 6 Millionen Mitglieder weltweit, erzählte man uns in den 70ern voll Stolz, heute wird von 7,5 bis 8,5 Millionen Mitgliedern gesprochen. Unterschlagen wurde uns, daß die Pfingstgemeinden, die Zeugen Jehovas und die Baptisten einen weitaus höheren Zuwachs in diesen Gebieten aufwiesen als unser »Werk Gottes«.

Diese Zahlen mußten uns vorenthalten werden, weil uns durch Berichte über die eigenen gewaltigen Zuwachse bewiesen und belegt werden sollte, daß allein unsere Kirche das »Werk Gottes«, die alleinige wahre Kirche sei, und daß sich dies darin zeige, daß sichtbar der Segen Gottes auf ihr ruht. Die erfolgsorientierten Meldungen ließen auch nicht zu, uns über die Tausende zu informieren, die sofort nach der »Versiegelung« die Gemeinschaft wieder verließen, oder die überhaupt nicht wußten, wie und was ihnen geschah. Solche Realitäten interessierten uns aber auch nicht.

»Weinbergsarbeit« also hieß, immer zu zweit von Tür zu Tür zu gehen, zu klingeln, sich vorzustellen und mehr oder weniger hartnäckig zu versuchen, die Angesprochenen davon zu überzeugen, daß sie auf dem falschen Weg und in der Ewigkeit verloren seien. Ihr Leben sei ohne Sinn und Inhalt, könne sich aber noch ändern, wenn sie nur zu uns in die Neuapostolische Kirche kämen!

Nach meiner Zeit in der NAK hat die Kirchenleitung 1989/90 die Erfolglosigkeit dieses bisherigen göttlichen Weges zur »letzten Seele« erkannt. Eine Arbeitsgruppe im Auftrag des Stammapostels hat eine Broschüre »Wege zu den Mitmenschen – Gedanken zur persönlichen Weinbergsarbeit« erarbeitet. Sehr aufschlußreich sind die Äußerungen des Stammapostels im Leitwort zum Ziel der »Weinbergsarbeit«. Wichtig ist ihm, »daß keinesfalls der Eindruck entstehen darf, es handle sich hier um Verkaufsschulung, Rhetorikunterricht oder ähnliches.« Allerdings macht der Inhalt der Broschüre fatal und erschütternd deutlich, daß es genau darum geht. Im folgenden seien zwei Zitate aus dieser Broschüre erwähnt, die auch ich in meiner aktiven Zeit unreflektiert und unkritisch übernahm.

Zur Aufgabe selbst: Ein Sich-Entziehen kann es mit gutem Gewissen nicht geben, denn:

> Es sind nicht unsere Amtsträger, die uns die Aufgabe stellen, sondern Gott selbst will, daß die letzte Seele bald gefunden wird. Finden aber setzt Suchen voraus, Suchen durch alle Geschwister, auch durch dich und durch mich.

Wer soll gefunden werden? Die Broschüre sagt hierzu:

> Wer im Sandhaufen eine Münze sucht, wird den Sand systematisch durch seine Hände gleiten lassen, bis – vielleicht erst später – jene Sandkörner durch die Hand rinnen, die die Münze verdeckt haben. Wir wissen nicht, in welcher Handvoll Sand sich die Münze befindet. Sollen wir erst gar nicht suchen? Unter »Münze« dürfen wir hier die Seelen verstehen, die Gott noch herzuführen will. Der »Sand« sind die Milliarden Menschen auf dieser

Erde. Das Finden dieser »Münze«, das heißt der noch von Gott erwählten Seele, ist für jeden von uns entscheidend, damit der Herr uns zu sich heimholt. Wollen wir verzweifeln, wenn wir in den ersten paar »Handvoll Sand« die Münze noch nicht gefunden haben?

Worte voll Zynismus und Arroganz: Was soll der wertlose Haufen Sand – die Menschheit, er bedeutet nur Arbeit und verhindert ein schnelles Heimholen der wenigen wertvollen Münzen (= NAK-Seelen) zu Gott. Was die NAK bei ihren Gedankenspielen nicht bemerkt hat: Es gibt nichts Wertloseres als eine Münze, dagegen kann Sand noch Leben in sich bergen.

Ich nahm aber diese Philosophie unserer »Weinbergsarbeit« ebenso wenig wahr wie die Tatsache, daß bei dieser Arbeit im Ausland, vor allem in Afrika, Asien und neuerdings Osteuropa – hier spricht man von »Missionsarbeit« –, keine sozialen oder humanitären Zwecke verfolgt wurden. Eine wirkliche Hilfe für die Not oder den Hunger der Menschen dort gab – und gibt – es nicht, nur für die eigenen Glaubensgeschwister. Lediglich als Alibi wird hin und wieder eine Lebensmittelspende für die allgemeine Bevölkerung gegeben. In unseren Gebeten wurde immer nur der Geschwister in den Kriegs- und Krisengebieten gedacht. Die übrigen sind ja Weltmenschen. Tief in mir spürte ich die Schizophrenie dieses Denkmusters, aber ich ließ diese Gedanken nicht an die Oberfläche kommen und verdrängte sie. Ein kritisches Nachdenken wäre ja die Folge gewesen, das mich in die Nähe des ewigen Todes gebracht hätte.

Das Priesteramt

Die Berufung

Am 13. September 1977 sollte ich eine Dienstreise nach Bonn unternehmen. Pflichtgemäß meldete ich mich deshalb bei meinem Vorsteher für den an diesem Abend stattfindenden Gottesdienst ab. Kurz vor meiner Abreise jedoch rief der Vorsteher an, drängte mich, die Dienstreise nicht zu unternehmen, und lud mich zu einem Gottesdienst, den der Bezirksapostel hielt, ein. Ich fragte nicht warum, ich lehnte nicht ab, ich sagte meine Reise ab, wenn auch unter Schwierigkeiten. Meine Frau war auch eingeladen. Eine leise Ahnung beschlich mich: die Ordination zum Priester. Diesen Gedanken wagte ich aber nicht zu denken, denn menschliche Ehre im Sinne einer Beförderung durfte ich ja nicht empfinden. Und dennoch, so gestand ich mir erst viel später ein, hegte ich trotz aller Nervosität die Hoffnung, durch diese »Beförderung« die Bestätigung zu erhalten: Ich habe alles recht gemacht, ich war treu, habe meine Aufgaben im Werk Gottes gut und zur Freude meiner Vorangänger erfüllt, sie sind zufrieden mit mir, also kann Gott mich gebrauchen.

Gegen Ende des Gottesdienstes kam dann der entscheidende Moment. Die Spannung wuchs fast ins Unerträgliche. Es wurde das Abendmahl gefeiert – schon ein Hinweis auf die Amtseinsetzungen. Dann kam der entscheidende Satz des Bezirksapostels: »Liebe Geschwister, nehmt doch noch einen Augenblick Platz.« Nachdem ein Gemeindeevangelist an den Altar gerufen worden war, hieß es: »Im weiteren bitte ich, daß die Diakone vorkommen. M.D. und Siegfried Dannwolf.«

Ich trat also vor den Altar, Seite an Seite mit den »Brüdern«. Die Amtseinsetzungen, die jetzt folgten, habe ich durch glückliche Umstände dokumentiert. Deshalb kann ich sie wörtlich zitieren. Dabei sollte die Leserin/der Leser auch besonders die Sprache beachten, die einem treuen neuapostolischen Gläubigen nicht mehr auffällt, aber von großer suggestiver Kraft ist.

So, ich freue mich, Ihr Männer, liebe Brüder, daß Ihr dem Rufe Folge geleistet und an diese Stelle gekommen seid. ... Und Ihr beiden Brüder, die Ihr bisher als Diakone treue Mitarbeit gewirkt habt, Ihr sollt das Priesteramt empfangen. ... Das Dienen im Werke Gottes, so haben wir schon oft gehört, ist eine freiwillige Sache. Ob einer das Amt annimmt oder nicht, ist seine Sache. Aber wenn man ja sagt zu einem Amtsauftrag, soll auch ein Ja ein Ja bleiben. Unser Stammapostel sagte einmal: »Von Mal zu Mal ist es mir schwerer geworden, als ich an den Altar gerufen wurde. Aber ich hätte mich der Sünde gefürchtet, nein zu sagen zu dem, was der Herr vorhatte zu tun.« Macht es auch so! Kommt im Glauben jetzt zum Herrn und sagt: »Lieber Gott, wenn ich Dir gut genug bin, um dieses Amt zu übernehmen, gib mir aus dem Füllhorn Deiner wunderbaren Gotteskraft die Fülle.« Ihr sollt am Abend ausgerüstet werden mit all den Voraussetzungen, damit Ihr könnt ein Segen sein.

...

Ihr beiden werdet heute abend beauftragt, als Priester Euren Dienst zu versehen. Der liebe Gott gibt auch Euch die Vollmachten, um das Wasser aussondern zu können zu dem heiligen Dienste der Wassertaufe. Und im Namen Jesu – denkt dem nach – und im Auftrag des Apostels werdet Ihr ermächtigt, den gläubigen Kindern Gottes die Sünden zu vergeben und das Abendmahl auszusondern und ihnen darzureichen. Ein erhabener, priesterlicher Dienst. Daß dazu viel Liebe notwendig ist, das wird Euch sicher begreiflich, ja verständlich sein. Ihr bildet den Altar und Ihr bildet auch eine Brücke, worauf alle Mühseligen und Belasteten gehen können, daß sie zu dem herrlichen Brunnquell der Liebe Gottes finden.

...

Euch allen rufe ich zu: Weidet die Herde Christi, die Euch befohlen ist! Nicht um eines schändlichen Gewinns willen, sondern aus Herzensgrund, und allesamt miteinander haltet an an der Demut, denn den Demütigen schenkt Gott Gnade. Dieses große Wort aus dem Petrusbrief hat auch in Übersee der Stammapostel uns in die Seele geschrieben, als wir in Kanada waren. Und dieses Wort verläßt mich nimmer. Es ist ein Unterschied, ob man weidet oder treibt. Wir gehen voran als Seelenhirten, und Ihr werdet sehen,

die Ehrlichen, sie folgen Euch. Haltet Euch an das Wort Gottes im Stammapostel, in den treuen Zeugen, dann werdet Ihr ein Segen sein können.
Ich richte an Euch, liebe Brüder, nun die Frage: Seid Ihr willens, das besagte Amt anzunehmen und wollt Ihr in gottgewollter Weise Euren Auftrag erfüllen? Dann antwortet jetzt vor den treuen Zeugen und vor dem Angesicht unseres himmlischen Vaters mit einem von Herzen kommenden Ja.

Und wir alle antworteten wie aus einem Munde: »Ja.«
Der Bezirksapostel betete kurz:

Lieber und guter Vater, das Ja der Männer bringen wir Dir dar, und wir bitten Dich, heilige Du mich, damit ich Ihnen zu dem Amt, das sie empfangen sollen, auch das nötige Rüstzeug geben kann. Laß uns alle in der Verbindung stehen mit unserem Stammapostel. Erhöre uns um Jesu willen. Amen.

Danach mußten wir, getrennt nach Amtsstufen, vor dem Bezirksapostel niederknien. Die Gemeinde stand während dieser feierlichen Momente. Dann ordinierte der Bezirksapostel den Hirten. Er legte mir und meinem »Amtsbruder« die Hände auf den Kopf und sagte:

So nehmet nun hin das Priesteramt in dem Namen des Dreieinigen. Empfanget dazu den Amtsgeist, der in Euch das Amt als Priester lebendig macht. Ihr seid nunmehr durch diese Segenshandlung ermächtigt, das sündige Wasser auszusondern zu dem heiligen Dienst der Wassertaufe, und Ihr seid jetzt auch ermächtigt, hinfort den Gläubigen, den Gotteskindern im Namen Jesu und in der Verbindung zum Gnadenstuhl die Sünden zu vergeben, das Abendmahl auszusondern und darzureichen. Ja, verkörpert Ihr Männer, liebe Brüder, den Gnadenstuhl, den Altar, verseht den priesterlichen Dienst mit einem priesterlichen Herzen, haßt selbst die Sünde, liebt aber die Sünder. Pflegt die Verbindung nach oben und hin zu den Geschwistern. Geht im Eifer voran, der Herr ist Eures Fußes Leuchte, er ist ein Licht auf Eurem Wege. so ruhe auf Euch und dem empfangenen Amtsauftrag der Segen Gottes des Vaters, des Sohnes und des Heiligen Geistes. Amen.

Im Anschluß an diese Ordinationen rief der Bezirksapostel noch einige Evangelisten und Priester und berief sie zum Vorsteher anderer Gemeinden oder versetzte sie einfach von ihrem Wohnort weg in andere Gemeinden. Vielleicht um widerstrebende Gedanken im Keim zu ersticken, fügte er den Versetzungsaufträgen hinzu:

> Ja, es ist mir auch oft so gegangen, wenn ich mich irgendwo heimisch fühlte, dann wurde ich versetzt, wie ein Habakuk einmal. Aber es ist so schön, wie auch der liebe Evangelist H. sagte zu dem lieben Apostel: ›Wo Sie mich hinschicken, da gehe ich hin.‹ Das ist Glaubensgehorsam. Macht es auch so. Aber ich frage Euch dennoch: Seid Ihr willens, nun diesen Sendungsauftrag zu erfüllen, dann sprecht es aus mit einem von Herzen kommen Ja. – »Ja.« – Ich danke Euch. Empfanget dazu Kraft von oben, einen freudigen Geist und viel Segen. Eure Fußstapfen mögen von Fett triefen.

Für mich war die Einsetzung ins Priesteramt unfaßbar. Schweigend und mit Tränen in den Augen gingen meine Frau und ich nach dem Gottesdienst zum Auto. Ich war also von Gott selbst erwählt, ein Werkzeug in seiner Hand im Priesteramt zu sein. Womit hatte ich das verdient, ich unwerter Mensch? Deshalb war tief in mir eine stille Zufriedenheit: Gott war also doch mit mir und meinen Leistungen zufrieden. Und vor allem und greifbarer: Meine Glaubensvorangänger waren zufrieden und schauten mit Wohlgefallen auf mich. Aber es waren zwiespältige Gefühle. Einerseits stieg mein Wert vor mir und vor anderen, andererseits fühlte ich mich völlig unfähig, dieses Amt auszufüllen.

Nein zu sagen, etwa aus diesem Gefühl der Unfähigkeit für diesen Auftrag oder aus anderen Gründen, kam überhaupt nicht in Frage. Geschickt hatte der Bezirksapostel gleich zu Anfang das Grundsystem einfließen lassen: Das Dienen sei freiwillig, das Amt anzunehmen oder nicht sei Sache jedes einzelnen. Aber dann kam das Gegenargument, mit dem diese Freiwilligkeit zurückgenommen wurde: Der Stammapostel sagte, er hätte sich »der Sünde gefürchtet, nein zu sagen zu dem, was der Herr vorhatte zu tun«. Wie könnte ich kleines Menschlein dann die Schuld und Sünde auf mich laden, Gott eine Abfuhr zu erteilen? Und um in einer Art Zangenbewegung auch noch von der anderen Seite her den möglichen Entscheidungsspielraum einzukreisen, sollte ich zu Gott sagen: »wenn ich dir gut genug bin, dieses Amt zu übernehmen.« Sollte ich das Amt ablehnen, würde ich meinen Wert bei Gott wieder senken. Vorher war ich ja, wie andere, nur zum Diakonen gut. Eine einmalige Chance, durch Gott bestätigt »gut« zu sein.

Ich kam mir bestätigt, geliebt, gehätschelt vor, aber auch unfähig, unsicher, voll Bangen und Sorge, wie ich alles bewältigen sollte. Ich, mit meinen 25 Jahren eigentlich noch unreif, unerfahren, selbst tief in mir auf der Suche nach der eigenen Identität, war ermächtigt, im Namen Jesu anderen Sündern die Sünden zu vergeben. Ja, ich sollte, wie der Bezirksapostel ausführte, den »Altar bilden und eine Brücke, worauf alle Mühseligen und Belasteten gehen können, daß sie zu dem herrlichen Brunnquell der Liebe Gottes finden«. Wie das?

Die Erklärungen waren einfach und naiv: Ich hätte jetzt einen Anzug angemessen bekommen, der mir noch einige Nummern zu groß sei. Und jetzt müsse ich eben wachsen, um ihn ausfüllen zu können. Ich wollte wachsen, wollte meinem göttlichen Auftrag gerecht werden. Unter allen Umständen und mit allen Mitteln. Den Segen Gottes hatte ich ja durch die Worte und die Handauflegung des Bezirksapostels empfangen. Er hatte mir neben dem Auftrag auch ein paar Rezepte in der Segenshandlung gegeben: »... haßt selbst die Sünde, liebt aber den Sünder. Pflegt die Verbindung nach oben, geht im Eifer voran«. Dies hatte ich ja mein bisheriges Leben lang schon kräftig geübt und praktiziert. Aber jetzt mußte es noch perfektioniert werden. So könnte ich dann den mir jetzt anvertrauten Seelen zum »Vorangänger« werden. Ich nahm den Auftrag sehr ernst, er war mir ja von Gott selbst übertragen worden.

Meine Hauptaufgaben als Priester waren neben den hehren Aufträgen, immerhin zwei der drei Sakramente der Neuapostolischen Kirche, nämlich die Wassertaufe und das Abendmahl, mitverwalten sowie Sünden vergeben zu dürfen, das Predigen und die sogenannte »Seelenpflege«.

Zunächst will ich jedoch berichten, welche inneren Vorgänge mit der Einsetzung in ein Amt oder mit einer »Beförderung« einhergehen. Danach schildere ich mein Leben als Priester, meine Familiensituation, die Opfer an Zeit und Kraft im »Werk Gottes«. Einen Schwerpunkt werden die Darstellungen meiner Hauptaufgaben als Priester, die sogenannte »Seelenpflege« und der Predigtdienst einnehmen.

Psychogramm eines »Amtsträgers«

Die Erwählung

Nach der Lehre der Neuapostolischen Kirche wird der Amtsträger von Gott erwählt. Also war auch ich angeblich von Gott erwählt. Erst heute weiß ich, daß allen Amtsordinationen ein bürokratisches Vorschlagsverfahren vorausgeht, bei dem weder Gott noch Geist entscheiden, sondern vielmehr die Hierarchie und das Überwachungssystem. Neben persönlichen Daten einschließlich Angaben zum Beruf sind in einem Formular, mit dem der Betreffende vorgeschlagen wird, Ausführungen zu machen über

- den »Charakter des Einzusetzenden«
- die Frage: »Wie ist sein Glaubensleben?«
- die Frage: »Wie oft ist er wöchentlich im Werke Gottes tätig?«
- seine Familienverhältnisse.

Dies sind Zitate aus dem Formular (Bestell-Nr. 3204) für Amtseinsetzungen. In einem anderen Kirchenbezirk ist in einem Formular in der Rubrik »Wie ist sein Glaubensleben« anzukreuzen, ob er demütig, eifrig, glaubensgehorsam, opferbereit, versöhnlich ist. Es ist die Frage zu beantworten: »Welche Schwächen hat der Vorgeschlagene?« Es ist Auskunft zu geben, ob er von seiner Frau »in der Mitarbeit im Werke Gottes unterstützt« wird und ob er »in geordneten finanziellen Verhältnissen« lebt.

Das Formular geht vom Vorsteher als Antrag an den Bezirksvorsteher, mit dessen Bemerkungen und Unterschrift versehen zum Bischof, mit dessen Bemerkungen und Unterschrift zum Apostel, in gleicher Weise von ihm zum Bezirksapostel, der die Verfügung trifft. Am Ende des Formulars ist der Vollzug zu melden.

Bis vor einigen Jahren war auch noch die Frage zu beantworten, ob der Betreffende im Besitz eines Fernsehapparates ist, da dieses –

bei Vorliegen aller anderen Voraussetzungen – ein absolutes Hindernis gewesen wäre, weil es die Weltverbundenheit des Betreffenden bezeugen würde. Diese Frage wurde allerdings vor einiger Zeit nach einem Beschluß der Apostelversammlung in Zürich gestrichen, da sonst mit Sicherheit Nachwuchs-Probleme entstanden wären. Außerdem setzt die Kirche zwischenzeitlich selbst Fernsehgeräte zur Übertragung ihrer Gottesdienste und Botschaften ein.

Jeder »treue« und aktive junge Bruder ab dem 18. Lebensjahr zittert bei einem Apostelbesuch in der Gemeinde, ob er in ein Amt gerufen wird. Bei der Einsetzung ins Unterdiakonen-Amt als erstem Amt, sozusagen zur Bewährung, wird er vorher gefragt, ob er gewillt ist, das Amt zu übernehmen. Bei Einsetzungen in alle weiteren Ämter wird er ungefragt während des Gottesdienstes zum Altar gerufen und dort vor der Gemeinde, also vor oft Hunderten von versammelten Glaubensgeschwistern gefragt. Lediglich die Apostel werden am Samstag vor ihrer Ordination gefragt, da sie ein Gelöbnis auf den Stammapostel ablegen müssen[7] und die Gläubigen dies tunlichst nicht erfahren sollen, denn sie glauben ja, der Apostel sei Gesandter Jesu.

Wenn Lücken oder Bedarf in der Priesterschaft sind, zittern (oder hoffen?) die Diakone, berufen zu werden. Wenn ein Vorsteher gesucht wird, geht unter den Priestern die Angst um: Herr, bin ich's?

Alle Ordinationen verlaufen nach demselben Grundmuster: Bewährung im Amt, absoluter Gehorsam, Einsatzbereitschaft, Opferwilligkeit, Demut, widerspruchsloses Erfüllen aller Weisungen der »Vorgesetzten«. Nach oben wird allerdings der Stellenkegel zu einem Hindernis. Von der Priesterebene an verengt sich der zahlenmäßige Bedarf immer weiter bis schließlich zu dem Einen, dem großen Führer, dem Stellvertreter Gottes und Christi, dem Felsen, dem Stern, auf den alle schauen, dem Stammapostel.

7. § 4 Abs. 2 der Statuten der Neuapostolischen Kirche International vom 1.Juni 1990: »Neu zu ordinierende Apostel sind vor ihrer in einem Gottesdienst durchzuführenden Einsetzung durch Abgabe des folgenden Gelöbnisses dem Stammapostel oder seinem Vertreter gegenüber feierlich zu verpflichten: ›Vor Gott, dem Allmächtigen und Allwissenden gelobe ich, dem Stammapostel im Gehorsam des Glaubens zu folgen und den von ihm im Namen Jesu erhaltenen Auftrag sorgfältig und gewissenhaft auszuführen...‹«

Die NAK nimmt diese Berufungsvorgänge als göttlich für sich in Anspruch, während sie anderen Glaubensrichtungen dies vehement abspricht. So wurde uns weisgemacht, der katholische wie andere Theologen auch würden sich für ihren Beruf vorwiegend als Broterwerb entscheiden und um Ehre zu erlangen. Um selbst als gerechtfertigt und göttlich anerkannt zu erscheinen, wurde die »Konkurrenz« in die Ecke des materiellen Interesses und kalten Verstandes gedrängt. Diese Theologen seien vielleicht gläubig, aber weit von einer göttlichen Berufung entfernt.

Tatsächlich gestehen die großen Kirchen ihren späteren Amtsträgern aber etwas ganz Wesentliches zu, was es in der NAK nicht gibt, nämlich das vorausgehende Gefühl der inneren Berufung, die freiwillige Vorentscheidung aufgrund eines höchstpersönlichen inneren Antriebs. Ein Mensch, der in der Neuapostolischen Kirche eine solche Gabe in sich spüren und dies äußern würde, wäre schon vorverurteilt; ihm würde unterstellt, nach einem Amt zu streben. Damit wird selbst in der Berufung in den Dienst Gottes ein innerer Ruf im Menschen abgelehnt. Gefordert wird auch hier ausschließlich die Hingabe an die Außenbestimmung durch die Führer. Gott kann den einzelnen nicht in dessen eigenem Herzen rufen, sondern stets nur durch einen Dritten, einen Mittler, auch wenn dieser den Betreffenden gar nicht kennt.

Weil das persönliche Berufungserlebnis im eigenen Innenleben fehlt, kann es zunächst zu inneren Konflikten kommen, sich mit dieser Entscheidung zu identifizieren. Solche Konflikte gibt es freilich nicht, wo man sich über die »Beförderung« freut, sich geehrt und beachtet fühlt, einer besonderen Gnade Gottes teilhaftig geworden sieht. Sollten aber echte innere Konflikte eintreten, werden diese wegen der Vergöttlichung des Rufs nicht bewußtgemacht und gelöst, sondern verdrängt und auf Gott projiziert. Deshalb gibt es äußerst wenige Fälle, in denen ein Gerufener nein sagt. Ihm ist – wie an meinem Beispiel beschrieben – eingetrichtert worden, daß dieses Nein Gott gegenüber gesprochen wäre. Wer könnte einen Ruf Gottes ablehnen?

Zwar wird ständig betont, das Amt anzunehmen und auszuüben sei eine freiwillige Sache. Tatsächlich bin ich in ein Amt der Neuapostolischen Kirche aber nicht durch eigenes Wollen, nicht durch freie Entscheidung, nicht durch innere Berufung gekommen. Vielmehr war es der im Apostel personifizierte und vermenschlichte Gott, der mich gerufen hat. Es ist ein innerer Zwang, das Amt anzunehmen – das Amt, das mich fortan bedeutet. Als Amtsträger bin ich nicht als Mensch, sondern als Amt bedeutend. Das Amt füllt mich aus. Das Amt bin ich – und ich bin nichts ohne das Amt. Um bedeutsam zu werden, bedarf das Amt des missionarischen Inhalts und der Amtsmacht. Das Gefühl wird dadurch verstärkt, daß die Gruppe der Amtsträger einer Gemeinde oder eines Bezirks in eine eingeschworene Aktionsgemeinschaft verwandelt wird. Ein Erwählter an beauftragter Stelle inmitten einer Gemeinschaft von Auserwählten zu sein – das erst befriedigt und gibt dem Leben seinen Sinn.

Mit Grauen erinnere ich mich heute an die Bezirksämtergottesdienste, die einmal monatlich der Bezirksälteste durchführte und zu denen zu erscheinen uns ein heiliges Bedürfnis, aber auch, wie ich später erfahren sollte, Pflicht war. Schon das Eingangsgebet diente fast ausschließlich dazu, Gott zu danken, daß wir »in einer so wunderbaren und hehren und heiligen Gemeinschaft auserwählter Amtsträger, Gehilfen Gottes, Knechten des Allerhöchsten« mitwirken durften am höchsten, was es auf dieser Erde gibt, an der Vollendung der Braut Christi. Wir, schwache Menschen, ohne Selbstbewußtsein und Selbstvertrauen, ohne eigene Persönlichkeit und Identität, als Berufene Gottes. Jeder Unterdiakon, so wurde uns immer gesagt, ist mehr wert als der größte Herrscher oder König auf dieser Erde. Wenn sich da nicht die Brust mit geheimem Stolz erfüllt und der Kamm schwillt.

Das »Amt« ist fortan die eigentliche Wahrheit des Selbst; es ist Bewahrung und Bewährung für den Träger. Nicht das Person-Sein, nein, das Amt-Sein bildet nunmehr die Grundlage der Existenz. Ein Amtsträger hat sein Amt laut Anweisung vollkommen zu verinnerlichen, er hat sich selbst zu veräußern, zu verzehren im Dienst des Herrn, er hat es als völlige Inanspruchnahme durch Gott bzw. als totale Hingabe im Dienst der Kirche zu verstehen!

Der Amtsträger in der Neuapostolischen Kirche muß als »Funktionär« bezeichnet werden, denn er vermag nicht durch seine Person, sondern nur durch die objektive Beauftragung durch die Institution Kirche und ihre Führer »Göttliches« zu wirken. So wird das Lebendige, das wahrhaft Geistige, das Prophetische, das Be-Geisternde als das mit Geist Erfüllende konsequent eliminiert zugunsten des Bürokratischen, des Verwalteten, des Gleichgeschalteten. Die Gaben des Geistes, das Bahnbrechende und Zündende der Botschaft Jesu muß in diesem bürokratischen Zustand erkalten, erstarren zu dem Felsen, den eine autoritär organisierte Kirche als ihre Grundlage definiert. Da kann keine Rede mehr davon sein, daß Jesus mit dem Felsen den felsenhaften, weil von eigenem Erkennen des Weges zu Gott geprägten Glauben des einzelnen meinte, so wie es aus der Geschichte um Petrus eindeutig hervorgeht. Eines Glaubens, der dem einzelnen Glaubenden ebenso stehen und zustehen könnte.

Das formalisierte und funktionalisierte Denken zwang mich als Amtsträger, Loyalität meinen »Vorangängern«, d.h. den übergeordneten Amtsträgern gegenüber vor Wahrheitsliebe und Wahrhaftigkeit zu setzen. Sigmund Freud behauptet in seinen psychologischen Analysen, daß die Psychologie des Heeres und die Psychologie der Kirche übereinstimmen. Jeder, der wie ich in das neuapostolische Glaubenssystem integriert war und der durch verschiedene schmerzhafte Prozesse sich dessen bewußt wurde, kann dies bezeugen. Besonders plastisch wird dies, wenn man bedenkt, daß gerade für Amtsträger folgende oberste Handlungsmaximen gelten: unbedingter Gehorsam, Opfermut, blinde Nachfolge gegenüber dem jeweils hierarchisch Übergeordneten, Hingabebereitschaft entsprechend den Weisungen und furchtlose Treue.

Aber es ist noch schlimmer als beim Militär: Ein Offizier hat einen Befehl auszuführen, ob er innerlich dazu steht oder nicht. Der Amtsträger muß sich jedoch auch innerlich mit den Inhalten seiner kirchlichen Weisungen und den Worten seiner »Glaubensvorangänger« identifizieren; es muß sein tragender Glaube sein, daß in diesen nicht der Mensch, sondern Gott selber spricht. Mithin darf seine Loyalität nicht formell oder äußerlich bleiben, sie muß im Dienst für

Gott und die Wahrheit innerlich mitvollzogen werden. Er hat eins zu sein mit seinen Vorangängern, keine eigene Meinung zu haben, es sei denn, es ist diesselbe wie die der Obrigkeit. Und dies gilt erst recht, wenn der Amtsträger für sich persönlich bei freier Entscheidungsmöglichkeit zu einer solchen Weisung gar nicht stehen könnte. Auf diese Weise wird der Prozeß der Verdrängung eigener geistiger Kräfte und Regungen, eigenen Lebens, wie auch der Prozeß der Verdrängung aller menschlichen Fragen, Zweifel und Probleme perfektioniert. Ja, die Verdrängung eigener lebendiger Regungen und deren Aufopferung an das von außen kommende Übergeordnete wird zum System erhoben.

Immer und immer wieder hörten wir in örtlichen und überörtlichen Ämter-Gottesdiensten, daß der Segen Gottes allein im Einssein der Amtsträger und ihrer Ausrichtung nach oben liegt, und zwar sowohl der Segen für den einzelnen Amtsträger als auch für die ganze Gemeinde. Als vorbildliches Beispiel für absoluten Gehorsam wurde uns immer wieder die folgende Geschichte vom Bezirksapostel A. erzählt: »Als ich noch Bezirksvorsteher war, hatte ich unter den anvertrauten Gemeinden auch eine, in der der Gottesdienstbesuch außerordentlich gut war. Unter den Brüdern gab es nie Unstimmigkeiten. Sie waren mit dem Vorsteher immer eins. Ich habe den Vorsteher dann einmal gefragt: ›Wie machen Sie das bloß?‹ – ›Das kann ich Ihnen sagen: Es gibt auch unter meinen Brüdern einmal eine andere Meinung. Dann sage ich zu ihnen: Wenn wir heute vom Apostel einen Brief bekommen, in dem er uns seine Gedanken nahebringt, so handeln wir danach. Schreibt er uns morgen wieder einen Brief, in dem er das Vorangegangene aufhebt und vielleicht sogar das Gegensätzliche anweist, dann machen wir es auch.‹ Das ist das Geheimnis.«

In der Tat, das ist das Geheimnis. Der Amtsträger verspricht bei seiner Ordination absoluten Gehorsam und Nachfolge seinem Apostel und den weiteren vorgesetzten Amtsträgern gegenüber. Er bezieht seine gesamte Existenz »von oben her«. Dies kann für den einzelnen bei Wahrung eines Stücks innerer Ehrlichkeit und Wahrhaftigkeit den ständigen Konflikt zwischen »Lehramt« und menschlicher Erfahrung bedeuten. Und es bedeutet, sich ständig mit den Entscheidungsträgern der Kirche solidarisieren, ja identifizieren zu müssen, gegebenenfalls – so wird es von den Führern erwartet – gegen die eigenen menschlichen Bedürfnisse, Erfahrungen und Erkenntnisse. Der Amtsträger muß sich mit dem Inhalt aller Äußerungen und Regungen seiner »vorgesetzten Brüder« als etwas Göttlichem identifizieren – auch um den Preis der eigenen Identität.

Das »Amt« – Formeln und Verdrängung

Priester ist man eigentlich auf Ewigkeit. Allerdings nur, solange einem die Organisation in der Person des Apostels Amt, Macht und Auftrag gibt. Die Ewigkeit endet in dem Moment, da jemand wegen Ungehorsams, Kritik, lästigen Hinterfragens und des Verbreitens »falschen Geistesguts« durch denselben Apostel aus seinem Amt entfernt wird. Deshalb wird ein neuapostolischer Priester sein Inneres tunlichst stromlinienförmig trimmen, wird Menschengehorsam als Gehorsam Gott gegenüber betrachten. Er wird nicht wagen, offen auszusprechen, was er tatsächlich denkt, sofern nicht dieses Wahrnehmungsvermögen schon längst dem Verdrängungs- und Unterdrückungsmechanismus zum Opfer gefallen ist und er den inneren Konflikt überhaupt noch wahrnimmt. Als Priester hatte ich nur eins zu sein: Erfüllungsbeamter oder -gehilfe in einer generalstabsförmigen Befehlsstruktur.

Als Amtsträger wurde ich darauf geeicht, mich nicht als Mensch wichtig zu nehmen, sondern mich als Segensträger zu sehen, als Mittler, als Werkzeug in Gottes Hand. Auf diese Weise überwindet man als Amtsträger seine menschlichen Probleme und Widersprüchlichkeiten, verdrängt sie, nimmt sie nicht wahr, sieht sie nicht mehr als die eigene Wahrheit an. Ja, man erklärt die eigenen Probleme zu denen Gottes, denn er hat einen ja zu seinem Dienst berufen. In meiner Demut erklärte ich als Amtsträger ständig, ich sei noch fehlerhaft und müsse wachsen. So war ich ständig am Wachsen, aber nicht ausgerichtet an meiner individuellen Persönlichkeit, sondern an vorgegebenen, äußeren, normierten Strukturen. Unbewußt übertrug ich meine eigenen, persönlich nicht verarbeiteten, weil verdrängten und nicht wahrgenommenen Probleme und Widersprüchlichkeiten im Namen Gottes auf die Gläubigen.

Einem solchen Amtsträger gehen Worte von Gnade, Liebe und Vergebung Gottes leicht von den Lippen, sofern er im Allgemeinen bleibt und den Gläubigen die standardisierten Kirchenformeln vorsagen kann. Aber bei konkreten Problemen des Lebens, in den Schattenseiten des Menschlichen, die gerade den einzelnen niederdrücken und belasten, fällt es ihm unendlich schwer, den Gott zu vermitteln, den gerade Jesus zeigen wollte: den einfach nur guten, vergebenden Gott, der keine menschlichen Eigenschaften aufweist, dem man nur Vertrauen entgegenbringen kann und in dessen Hände man sich einfach fallen lassen kann ohne Vorbedingungen und Erwartungen.

Ich habe es selbst erfahren und werde es noch schildern, wie mir von übergeordneten Amtsträgern und von meinen Priester-»Kollegen« vorgeworfen wurde, nur von Gnade zu predigen und nicht auch vom Überwinden und von der Einhaltung der Normen, Vorschriften und Ideen unserer Kirchenführer. Das Dilemma wird deutlich, wenn man sich bewußtmacht, daß die Kirche bestimmt, was zu überwinden ist, um Erlösung zu erlangen. Dieser Konflikt zwischen dem liebenden Gott, den Jesus vermitteln wollte, und den errettenden Wegen der Kirche, die nur über die in den Kirchenführern »erweckten« Vorstellungen führen, ist für den einzelnen Priester unüberwindbar. Er ist sowohl im konkreten Einzelfall wie auch beim Hinterfragen dieses Konflikts überfordert.

Leider wird er sich nach meiner Erfahrung bei diesen Konflikten in der Regel gegen das Menschliche entscheiden. Und dies, obwohl sich Jesus gerade dem menschlichen Leid zugewandt hat und dabei gegen jede Regel des damaligen Klerus verstoßen hat. Denn was ich als Priester gerade nicht darf, ist dieses: aus eigenem, innerem Antrieb glühen, aus mir, aus meiner Überzeugung, aus meiner Verantwortung die Fackel des Lichts anzünden. Alles was ich zu sein hatte, war ein geliehenes Leben, ein begnadetes Amt. Das bedeutet letztlich eine ungeheure Verleumdung Gottes!

Als Amtsträger der Neuapostolischen Kirche nenne ich mich Diener oder Knecht Gottes. In allen Positionen bis zum Bezirksapostel ist man jedoch weisungsabhängig und bleibt damit Funktionär. Man hat reibungslos zu funktionieren, Diener der Organisation zu sein, Diener der Höherrangigen, Diener aller, nur nicht Diener Gottes. Indem die Amtsträger sich selber unterdrücken, beherrschen sie andere. Diese für die ursprüngliche Lehre von Jesus furchtbare, ja katastrophale Situation drückt sich konkret in der Art aus, wie Verantwortung wahrgenommen wird. Kein linientreuer Amtsträger wird für seine Worte, für seine Ratschläge und Anweisungen Verantwortung übernehmen wollen. Er wird sich darauf berufen, lediglich der Denkweise oder den Worten, Handlungen oder dem Rat seines Glaubensvorangängers zu folgen. Bestenfalls – oder schlimmstenfalls – wird er sich darauf berufen, einer Eingabe des Heiligen Geistes gefolgt zu sein. Er kann nicht mehr unterscheiden, was ein Geist von oben ihm eingibt, was er durch das System als Über-Ich in sich integriert hat und was, weil er es in seinem eigenen Leben verdrängen muß, er nun als »Geisteswirken« anderen auferlegt. Ich und viele andere NAK-Mitglieder haben schon Weisungen und Ratschläge erhalten mit der Bemerkung: »Ich bin dafür nicht verantwortlich, die Verantwortung trägt mein Segensträger, der mir dies mit auf den Weg gab.« Nur, dieser redet genau so. Die Kette hat kein Ende, und letztlich ist Gott der Verantwortliche.

Spannungsverhältnis »Amt« – Mensch

Der Ersatz der Persönlichkeit durch ein nicht faßbares, sondern durch die Organisation bestimmtes und – im wahrsten Sinne des Wortes – verliehenes Amt schafft ein letztlich nicht überbrückbares Spannungsverhältnis. Später sollte sich der Beginn meines Erwachens auch an dieser Frage entscheiden: Wann beginnt ein Amtsträger daran zu leiden, daß er auf Konflikte und Tragödien bei sich und anderen trifft, die sich, wie alles wirkliche menschliche Leid, nicht mehr von Amts wegen und nicht mehr im Raum allgemeiner Grundsätze der Kirche lösen lassen, sondern nur in einem unbedingten Respekt vor der unvertauschbaren Individualität und Einmaligkeit des einzelnen Menschen und seiner konkreten und einmaligen Situation?

Ein Priester ist noch nicht zehn Tage »im Amt«, und es haben sich, ob er es weiß oder nicht, bereits die Weichen für sein weiteres Leben gestellt. Wem wird er folgen – dem Auftrag der 99 Schafe, die (vermeintlich) der »Umkehr« nicht bedürfen, oder dem hundertsten Schaf, das er verloren hat und das verloren wäre, ginge er ihm nicht nach, bis er es gefunden hat (Matthäus 18, 12-14; Lukas 15, 1-7). Wir sahen uns natürlich dem letzteren Fall verpflichtet, aber keinesfalls so weit, daß wir wirklich in die Tiefe des menschlichen Leids, des persönlichen Dramas, der tiefsten Fragen, Zweifel und Verzweiflungen dieses »hundertsten Schafes« eingestiegen wären, das – aus Sicht der Kirchennormen – verirrt war. Das Problem zur Kenntnis zu nehmen, es mit kirchlichen Lehrformeln, die sich meist als Leerformeln erweisen, zu beantworten, war die Devise. Das höchste der Gefühle war zu sagen: »Ich bete für dich und sage es dem Vorsteher.« Und wieder war man beim verliehenen Amt, beim toten Funktionärsstatus, in dem alles eigene Mit-Empfinden, die Wahrhaftigkeit der eigenen Gefühle und Gedanken abgetötet werden mußten. Wollte ich den Menschen in ihrer Situation nahe sein, brachte ich mich gegenüber meiner Gewissenszensur und, wie sich noch zeigen wird, gegenüber meinen »Vorgesetzten« und »Mitbrüdern im Amt« in erhebliche Schwierigkeiten und Konfliktsituationen. Dafür konnte ich aber den Menschen an den Rändern oder denen, die sich mit ihren inneren Zerreißproben und Tragödien an die Ränder der kirchlichen Dogmatik gedrängt fühlten, nahe sein.

Aber die Weichen waren bei mir systembedingt (zunächst) in die andere Richtung gestellt: Der Priester fügt sich in die Rollenvorschrift des Amtes und schaut auf zu der in seinen Glaubensvorangängern installierten Kontrollinstanz, gleicht sich ihnen an und unterhält mit den Menschen außerhalb des »Schafstalls Christi« keinen oder eher wechselseitig abschreckenden Kontakt. Er hat die Menschen anzuhalten, zu lernen, was er selber als die Lehre der Kirche gelernt hat. Würde er sich den »Draußenstehenden«, den »Verlorenen« wirklich zuwenden, würde er unter Umständen die Lehren der Kirche verlernen, um von den Menschen zu lernen, was Jesus wollte: zu hören, wie Gott aus dem Leid und der Not von Menschen redet, nicht als ein Gott der Toten, sondern der Lebenden (Markus 12, 27).

Da der Priester dies alles nicht darf, verfestigen sich die Rationalisierungen, die aus meiner heutigen Sicht den Zustand des Andersseins der Mitglieder des Amtskörpers der Neuapostolischen Kirche beschreiben: ein sich selbst entfremdetes Sein auf allen Ebenen des Denkens, des Lebens, der Umgangsformen. So geschieht es leider, daß sich eine wirkliche Veränderung im Leben eines Priesters oder Hohepriesters (=Apostel) nur in den seltensten, dramatischen Fällen von innen heraus ereignet; meist geschieht sie durch Anstöße von außen, d.h. durch Erfahrungen, die am Beispiel lebender Menschen oder am eigenen Leib die eigene Widersprüchlichkeit nicht nur offenkundig, sondern geradewegs unertragbar machen.

Der Predigtdienst

Der Predigtdienst war der Teil meiner neuen Amtsaufgabe, der mir am meisten Angst bereitete. Ich sollte am Altar stehen und frei der Gemeinde sagen, was der Heilige Geist in mir »erweckte«. Ich hatte ja keine Erfahrung darin, wußte nur, daß durch uns der Geist Gottes spricht. Gerade das unterschied uns ja von den Geistlichen der großen Kirchen, also von den evangelischen und katholischen Pfarrern, die studiert hatten und Geld mit ihrem Beruf verdienten, was sie in unseren Augen für ein Wirken des Geistes Gottes disqualifizierte. Die tröstenden Worte aus Matthäus 11,25 sagten uns, daß wir den Vater des Himmels und der Erde preisen konnten, daß er es »den Weisen und Klugen verborgen und den Unmündigen offenbart« hat. Dies waren die Geistlichen, die Studierten, die Wissenschaftler. Aber uns Unmündigen, den Gotteskindern, wollte Gott alles offenbaren.

Ich jedenfalls wollte ein williges, ja willenloses Werkzeug des Heiligen Geistes sein. Kein eigener Wille oder gar menschliche Meinung durften das heilige Wort der Wahrheit dämpfen, trüben oder verfälschen. Gott selbst hatte mich ja »für gut« befunden, jetzt sollte nichts sein Wirken durch mich trüben, keine fremden Geistesmächte durften sich meiner bemächtigen.

Um Mut zu machen, wurde uns das Jesus-Wort eingeflößt:

> Sorget nicht, wie oder was ihr reden sollt; denn es soll euch zu der Stunde gegeben werden, was ihr reden sollt. Denn ihr seid es nicht, die da reden, sondern eures Vaters Geist ist es, der durch euch redet.
> (Matthäus 10, 18.19)

Ich baute darauf, ohne allerdings genau in die Bibel zu schauen und festzustellen, daß dieses Wort in einem gänzlich anderen Kontext gesprochen wurde, und daß hier ein – allerdings üblicher – schlimmer Mißbrauch biblischer Texte betrieben wurde.

Wie sollte ich predigen? Zwar beteten meine Segensträger für mich, aber das alles half nicht, ich mußte selbst hindurch. Ich wußte ja, daß für jeden Gottesdienst Bibelworte vorgegeben waren und daß es ein Amtsblatt gibt, in dem die Auslegung genau vorgeschrieben ist. Neben Autosuggestion und Flehen zu Gott suchte ich das Heil darin, das Amtsblatt möglichst schon Tage vor dem Gottesdienst, möglichst auch noch einen Gottesdienstbericht des Stammapostels oder ähnliches genau zu lesen. Fünfmal, zehnmal las ich alles durch. Den ganzen Samstagabend verbrachte ich mit Lesen und Nachdenken über die beiden Texte für den Sonntag. Ich wollte ja »ein Segen« sein.

Den Samstagabend konnte meine Familie nun auch noch abschreiben, nachdem die übrigen Abende ohnehin alle belegt waren, denn dann fand die »Heiligung« für den Sonntag statt. Immer wieder bleute uns dies auch der Apostel bei sogenannten großen Ämtergottesdiensten ein: Wir sollten geheiligt und gereinigt in den Sonntag gehen, das hieß am Samstagabend auf keinen Fall irgendwelche Geselligkeiten oder Vergnügungen.

Etwas anderes half mir noch, mit meiner Nervosität vor dem Predigen fertig zu werden. Unser Vorsteher ging immer äußerst pünktlich und genau die Reihenfolge der Priester durch. Wir waren so acht bis zehn Priester. In einem sogenannten Dienstbuch wurde jeder Gottesdienst festgehalten mit Textwort, Namen des Gottesdienst-Leiters und der mitdienenden Amtsträger, Lied, Zahl der anwesenden Mitglieder und Gäste, getrennt nach Erwachsenen und Kindern. »Mitdienen« nennt man es im neuapostolischen Sprachgebrauch, wenn der Gottesdienst-Leiter, der die Hauptpredigt hält und die liturgischen Teile durchführt, einen Amtsträger dazu aufruft, einen kurzen Predigtbeitrag zu leisten. Vor dem Gottesdienst schaute der Vorsteher ins Dienstbuch, zählte ab und sagte, wer mitzudienen habe. Die Reihenfolge konnte ich mir natürlich mit der Zeit merken und so etwa kalkulieren, wann ich wieder dran war.

Gewissenhaft suchte ich meinen Amtsauftrag zu erfüllen. Ich war jetzt Werkzeug des Heiligen Geistes. Die Predigtinhalte drehten sich ständig im Kreis. Immer diesselben, sich wiederholenden Themen, die ich schon die Jahre zuvor gehört hatte und die auch ich nun über viele Jahre hinweg predigen würde. Ich kam natürlich nicht auf die Idee, daß dem Sprechen aus dem Heiligen Geist ein einfacher Mechanismus zugrundelag: einfach nur immer die Segensträger, Glaubensvorangänger, Apostel, den Stammapostel in die Herzen der andächtigen Zuhörer legen, und ihr und mein Heil wäre sicher. Sie lieben und ehren und erhöhen, mit ihnen eins sein, war schon fast alles.

Wenn jemand ein Leben lang diesselben Formeln und Phrasen hört, insgesamt fünf oder sechs Kernaussagen, und diese sich lediglich in vielschichtigen Variationen wiederholen, kann er aus dem Stand predigen. Die ständige Indoktrination und Infiltration machte das Hervorbringen von Predigtphrasen zum Selbstläufer, die Vorbereitung mit dem Amtsblatt und sonstigen Schriften und Zitaten von Aposteln tat ein übriges. Heute noch könnte ich aus dem Stand eine neuapostolische Predigt halten, auch wenn – laut NAK – der Heilige Geist garantiert von mir gewichen ist.

Besonders groß war die Anspannung, wenn ich einen Gottesdienst zu leiten hatte. Nicht nur, daß ich etwa 20 bis 25 Minuten predigen mußte, ich hatte auch die Gebete zu sprechen, die Abendmahlsliturgie durchzuführen und vor allem den Gläubigen die Sündenvergebung auszusprechen. Außerdem mußte ich das Eingangslied und eventuell weitere Lieder bestimmen. Für die Vorbereitung nahm ich mir besonders viel Zeit. Was ganz wichtig war: Ich rief meinen Segensträger, den Vorsteher oder den Bezirksältesten, an und bat sie, fürbittend vor Gott meiner zu gedenken. Damit bewies ich enge Verbundenheit zu meinen Glaubensvorangängern, die ja Quelle des Segens für mich waren. Später sollte ich erfahren, daß sofort Mißtrauen aufkam, wenn ein Priester sich nicht hilfesuchend an seinen Vorangänger wandte und meinte, eigenmächtig einen Gottesdienst halten zu können. Dann bestehen Zweifel an seiner treuen Nachfolge, am Aufschauen, und das sind ja schließlich die Schlüssel zum Segen Gottes.

Besonders gern predigte ich vom Kommen des Herrn. Das war unsere Zukunft, das war die Lösung aller Probleme, das war überhaupt der Sinn des Lebens und des Glaubenskampfes, der Sinn aller Entbehrung und Anstrengung. Wenn ich einen Gottesdienst zu halten hatte, suchte ich sogenannte »Heimatlieder« aus, die besonders unseren Blick und unsere Sehnsucht nach der »himmlischen Heimat« pflegen sollten. Ich beschwor die Gläubigen: »Blickt auf den nahen Tag des Herrn. Wir wollen ihn mit Freuden erleben und deshalb treu sein bis zuletzt, in der Nachfolge bleiben, aufschauen und im Gehorsam folgen. All das Leid dieser Welt sollen wir ja bald hinter uns haben.« Ein Leben für die Zeit nach dem Leben predigte ich, im Einssein mit meinen Vorangängern. Wir seien ja dazu erwählt, später zu regieren mit dem Sohn Gottes. Und dann hätte sich aller Verzicht, alle Entbehrung, aller Kampf und alles Überwinden gelohnt. Dann komme das große Verderben über diese Erde. Und alle, die unserer Einladung oder unserer Mahnung nicht gefolgt seien, würden dies dann tief bereuen. Denn es gebe kein Zurück, die Reue komme zu spät. Also ermahnte ich die »lieben Geschwister«: »Treue spart Reue. Ein kleiner Buchstabe. Eine unendliche Wirkung.«

Ich predigte aus Überzeugung, notfalls gegen eigene innere Widerstände, die ich im Glaubenskampf zu überwinden hatte. Aber welche Inhalte hatte ich zu predigen?

Nachfolge

»Seh ich deines Fußes Spuren, oh da will ich folgen nach«, so heißt es in einem Liedervers im neuapostolischen Gesangbuch. Damit meinte der Liederdichter natürlich Jesus. In unserem neuapostolischen Glauben hingegen war klar: Das sind die Fußspuren der Glaubensvorangänger. Der Stammapostel als das »sichtbare Haupt« der Kirche und Stellvertreter Gottes und Jesu auf der Erde geht allen voran. In seinen Spuren folgen dann die Bezirksapostel, Apostel, Bischöfe, Bezirksältesten, Bezirksevangelisten, Priester, Diakone, Unterdiakone – zuletzt natürlich auch die einfachen Gemeindeglieder.

Diese Spur bestand aus »Ratschlägen«, Geboten, Verboten, Anweisungen, Gewissensvorgaben, Organisations- und Handlungsanweisungen, die der Willkür, den Ideen, den opportunistischen und politischen Notwendigkeiten, den persönlichen Vorlieben, den psychischen Strukturen der jeweiligen Stammapostel und Bezirksapostel entsprangen.

Stammapostel Streckeisen hatte in den siebziger Jahren gesagt: »Nachfolge ist alles. Alles andere ist Leerlauf!« Das habe auch ich fleißig gepredigt. Erst spät kam mir zu Bewußtsein, daß Jesus niemals zu seinen Aposteln gesagt hat: Wer euch nachfolgt, der folgt mir nach. Alle biblischen Beweise für die NAK-Nachfolge fielen bei näherer Prüfung in sich zusammen.

»Deine Sprache verrät dich«, hieß es immer wieder. Niemand aber schien zu bemerken, wie ähnlich unser Sprachschatz oft demjenigen war, der schon einmal »tausend Jahre« lang in Deutschland die Geschichte und die Menschen prägen wollte. Immer wieder wurde uns eingetrichtert: »Wir haben eilende Vorangänger, deshalb müssen wir eilende Nachfolger sein«. Später erinnerte mich dieser Satz an die Haltung: »Führer, befiehl, wir folgen dir«. Wird nicht in allen totalitären Systemen das eigene Denken der Gruppenmitglieder auf ein Minimum reduziert? Selbstverständlich unter Androhung massiver Vergeltung für Abweichler, entweder durch äußerliche Maßnahmen oder mittels Verinnerlichung psychischer Mechanismen. In der NAK-Lehre wurden Worte und Anweisungen wie »Aufschauen«, »Führer«, »Dienen« zu zentralen Lehr- und Heilsaussagen. Worte, die in besagter Zeit in Deutschland schon einmal Menschen prägen und zum »Heil« führen sollten.

Einer der Stammapostel erzählte, als er noch Bezirksapostel war: Wenn ich zum Stammapostel gehe, mache ich dort Meinungsaustausch. Dieser Meinungsaustausch sah nach seinen Worten so aus: »Wenn der Stammapostel in irgendeiner Sache anderer Meinung ist als ich, hänge ich meine Meinung an den Nagel und nehme seine an.« Dieser Ausspruch wurde seither zitiert und als absolutes Leitbild für treue Nachfolge im neuapostolischen Sinn dargestellt. Kein Amtsträger, der dies absolutistisch auch für seine Person beansprucht, hatte aber den Mut zu sagen: Ihr müßt mir nachfolgen. Das System funktioniert perfekt: Indem er immer wieder erzählt, wie treu er seinem Vorangänger nachfolgt und wie unendlich viel göttlichen Segen und welche wunderbare göttliche Führung er dabei erfährt, weiß er, daß die ihm nachgeordneten Amtsträger und Glaubensgeschwister zu ihm in derselben Weise aufschauen und seinen Spuren folgen. Jeder hat dieses System so ins Unterbewußtsein intergriert, daß es nur geringer und indirekter Hinweise und Anstöße bedarf. Jeder Amtsträger kann sich dann mit gereinigtem

Gewissen hinstellen und erklären, er selbst sei der Kleinste und der Demütigste und der Diener aller. Und seine Nachfolger werden erzählen: Wunderbar, was wir für einen Vorangänger haben, zu dem wir aufschauen dürfen. Wenn der Apostel oder der Bischof in der Gemeinde oder für die Jugend einen Gottesdienst hielt, sagte unser Bezirksältester in seiner Mit-Predigt: »Wißt ihr, wen wir am Altar gesehen haben? Nicht Herrn K., auch nicht den Apostel. Wir haben Jesus gesehen.« Wie konnte ich da anderer Meinung sein?

Natürlich waren diese »Glaubensvorangänger« Menschen mit Fehlern und Schwächen. Das sagten sie ja auch immer. Und wie demütig erschienen sie mir, wenn sie sich als fehlerhafte Menschen bezeichneten. Aber ich durfte eigenmächtig keine Fehler an ihnen sehen, denn das wären Gedanken vom Satan gewesen. Ich konnte nur dann ein Segen sein – und das wollte ich unbedingt –, wenn ich im völligen Einssein mit ihnen stand, zu ihnen treu gläubig aufschaute, ihnen jeden Wunsch von den Augen ablesen konnte. Meine Sorge vor dem Predigen blieb. Mir war das Geheimnis der »Technik« lange nicht bewußt.

Kindlicher Glaube, Gehorsam und Liebe

Liebe und Glaubensgehorsam sind die tragenden Kräfte der Neuapostolischen Kirche, so sagt es schon die Verfassung (Satz 2 der Verfassung der NAK Württemberg). Erst viel später wurde mir bewußt, wie unvereinbar sich diese beiden Begriffe gegenüberstehen. Als ich die magische Wirkung der Worthülsen abstreifen konnte, wurde mir erschreckend deutlich, welche Pervertierung des Begriffs »Liebe« und welcher Mißbrauch des Begriffs »Glaubensgehorsam« in dieser Kirche zum göttlichen System erhoben wird.

Während meines »Glaubenslebens« meinte ich stets, aus »freiem Entschluß« Gehorsam zu üben. Tatsächlich aber war es Angst, unterschwellige Angst vor der Strafe Gottes, Angst, von Jesus bei dessen Wiederkunft zurückgelassen zu werden.

Mit dieser Last lebte ich mein ganzes bisheriges Leben. Welche magische Kraft entwickelt allein die Verbindung der Worte Glaube und Gehorsam. Sie enthebt der Begründungsnotwendigkeit. Denn glauben und nachfolgen soll ich als NAK-Gläubiger blind. Und der Gehorsam, nüchtern betrachtet, ist oft rein diktatorischer Natur. Beides verbunden aber sollte Gotteserfahrung vermitteln und erst die besondere Beziehung zu Gott schaffen.

In fast keinem anderen Bereich wird durch die Lehren der Neuapostolischen Kirche die Bibel, vor allem die Lehre und das Leben Jesu, so sehr strapaziert und mißbraucht wie in puncto Glauben und Gehorsam. Sicher gibt es ähnliche Probleme in anderen autoritären Sekten. Auch Angehörige großer christlicher Kirchen haben vor allem mit dem Begriff »Gehorsam« Schwierigkeiten. In meinem Leben und in der Erfahrung mit der Neuapostolischen Kirche blieben jedoch bedingungsloser Glaube und Gehorsam nicht lediglich im Bereich des schlechten Gewissens, sie wurden vielmehr zu Unterwerfungsinstrumenten und führten zu Entmündigung und absoluter Selbstverleugnung.

Ein geflügeltes Wort lautete: »Treue Gotteskinder müssen kindlich glauben« – einer der größten und fundamentalsten Mißbräuche von Lehre und Leben Jesu. Bei Markus heißt es: »Wer das Reich Gottes nicht empfängt wie ein Kindlein, der wird nicht hineinkommen.« Dies wurde kurzerhand umgemünzt in: »Wenn ihr nicht glaubet wie ein Kind.« Damit war der Schritt nicht mehr weit zu einer der zentralen Glaubensaussagen: Glauben wie ein Kind heißt – kindlich glauben. Und kindlich glauben heißt: blind glauben, nicht fragen, nicht widersprechen, nicht kritisieren, nicht zweifeln. Und wehe nicht, dann käme man nicht ins Himmelreich! Wie verblendet, wie weit ist solch eine Auffassung von der Realität, vom Leben entfernt? Ein solches Kind wäre krank. Gerade Kinder sind dafür bekannt, daß sie Erwachsenen Löcher in den Bauch fragen, gerade sie geben sich mit Antworten nicht zufrieden, gerade sie wollen wissen, was hinter den Fassaden ist.

Immer wieder erinnerte ich mich auch als »treuer Priester« an eine Frage, die mich als Zwanzigjähriger beschäftigte: Ist unser Glaube nicht ein psychologisch raffiniert durchdachtes und funktionierendes System? Zu allen Aussagen von Amtsträgern gibt es ein Netz und doppelten Boden. Sagt ein Amtsträger zu, daß er für etwas betet oder gibt er einen Rat, und das Geglaubte trifft ein, ist es Glaube; trifft es nicht ein, ist's eine Glaubensprüfung Gottes. Immer gibt es eine Lösung, die der Verantwortung des Funktionärs enthoben ist.

Ich war erschüttert und entsetzt, als mir später bewußt wurde, in welcher Verblendung ich mein bisheriges Leben diesem Glauben blind gehorchend und die in frühen Glaubenskämpfen aufkommenden Zweifel überwindend verbrachte hatte. Niemand hatte mich gelehrt, daß es darum gehen könnte, echt und wahrhaftig zu sein, unverfälscht und unverbogen, wie ein Kind zu seinen Gefühlen, zu sich selbst stehen zu können, und wenn die ganze Welt mit ihren Verboten und Geboten und Normen dagegenstünde. Nein, von frühester Kindheit wurde ich wie die meisten in der Neuapostolischen Kirche aufwachsenden Kinder gezwungen, treu, still, ergeben dem Wort der »Knechte Gottes« zu lauschen.

Für uns Amtsträger, die »Götter in Schwarz«, hatte dies die wundervolle Folge, daß wir den größten Schwachsinn, die schlimmsten Fehl- oder Falschinterpretationen der Lehre Jesu oder der Bibel vertreten, unsere persönlichen Lebenserfahrungen und -frustrationen den Gläubigen auf den Rücken binden konnten. Das Volk sollte ja blind glauben.

Dieses System hat für das »Volk Gottes« eine ebenso einfache wie tragische Folge: Man prüft nicht mehr, man forscht nicht mehr und sucht selbst nach Anregungen und »Eingebungen« des Geistes Gottes. Geprüft – und im vorhinein für schlecht befunden – wird nur, was außerhalb des »Werkes Gottes« stattfindet, in anderen Kirchen und Religionen, in der Welt. Ob die Lehre, der Rat, der Anspruch des Klerus und des einzelnen Amtsträgers in der eigenen Kirche den biblischen Grundlagen entspricht, bedurfte für mich keiner Klärung, denn dies alles kam vom Heiligen Geist und damit von Gott.

Ich war erstaunt, fasziniert und beeindruckt, als ich nach meinem Ausstieg in vielen Gesprächen über religiöse Fragen mit Menschen außerhalb der NAK feststellte, wieviel Glauben, wieviel Tiefgang, wieviel Urvertrauen zu Gott, welche Erkenntnisse der biblischen Lehren vorhanden sind. Mir wurde klar: Genau in dieser Erfahrung liegt die tiefe Furcht von NAK-Gotteskindern vor Kontakten mit Andersgläubigen. Deshalb wollten wir nicht in andere Kirchen gehen, wir hatten ja die einzige und beste. Deshalb ist fremdes Schriftgut, vor allem theologisches, schädlich. Ich habe in meinem »Glaubensleben« weiß Gott nach Erkenntnissen, Begründungen und Tiefgang gesucht und versucht, wie ein »Gotteskind« zu leben. Aber wenn ich zur sogenannten »Weinbergsarbeit«, dem Einladen von Menschen in die Neuapostolische Kirche, an die Türen ging, hatte ich insgeheim immer die Angst, vor mir könnte jemand stehen, der bibelbewandert ist, der in eine inhaltliche Auseinandersetzung über die Grundlagen der Kirche mit mir eintreten würde. Wenn meine formelhaften Sprüche über die Einzigartigkeit der Kirche, weil sie lebende Apostel habe und Zukunftsgewißheit auch über das Leben nach dem Tod hinaus vermitteln könne, zu Ende waren und von meinem Gesprächspartner in Zweifel gezogen oder gar anhand der Bibel widerlegt würden (was ja relativ einfach ist), hätte ich mich auf emotionale Gründe für meinen Glauben zurückziehen müssen.

Selbstverleugnung und freier Wille

In diesem System des kindlichen Glaubens, der blinden Nachfolge und des absoluten Gehorsams habe ich versucht (und dies auch den Gläubigen vermittelt), alle denkbaren Anstrengungen zu unternehmen, die eigenen Gefühle, Wünsche und Vorstellungen zu verdrängen und zu unterdrücken, ohne bewußt wahrzunehmen, daß ich selbst damit zum Unterdrückten wurde. Freiheit vor einem liebenden Gott hätte geheißen, mich selbst annehmen und lieben zu können, wie ich bin, mit Licht- und Schattenseiten, mit Hochs und Tiefs, mit den mir eigenen Gaben, mit meinen Tränen und meinem Leid. Freiheit als NAK-Mensch, angeblich die Freiheit aus Christus, hieß, mich freiwillig dem in den Boten Gottes geäußerten Willen Gottes, d.h. im Klartext den Kirchennormen, -dogmen, den Gefühlsvorgaben zu beugen – wohlgemerkt »aus freien Stücken«. In einem Lied sangen wir immer wieder: »... das ist die größte Freiheit mir, gebunden sein in deinem Sinn.« Das Lied spricht die Sehnsucht nach Freiheit an. Aber wie wurde dieses Wort mißbraucht, denn »Gebundensein in deinem Sinn« hieß Glaubensgehorsam bis zur Selbstaufgabe und Selbstverleugnung.

Aus dieser Doppelbedeutung von Freiheit entstand eine Doppelbindung mit schlimmen Folgen. Einerseits hieß es: »Im Werk Gottes ist alles freiwillig«, andererseits kam ständig der Hinweis: »Natürlich brauchst du dich nicht zu wundern, wenn du keinen Segen Gottes, keine Hilfe, vielleicht sogar eine Strafe erfährst, wenn du dich nicht im völligen Glaubensgehorsam an das Wort seiner Knechte hältst. Du hast es selbst in der Hand. Selbstverständlich kannst du dich von Gott, also von der Kirche abwenden, aber wundere dich nicht, wenn sich dann auch Gott von dir abwendet.«

Als gläubiges und gehorsames Kirchenmitglied ließ ich mir ständig einreden, wie unvollkommen, wie schlecht, wie voller Sünde ich sei. Ich lief und lief im Geiste und wollte möglichst vieles »richtig« machen. Und immer wußte ich unterbewußt: Irgend etwas mache ich falsch oder unvollkommen. Zum System der NAK gehört, daß der Mensch zunächst von Grund auf schlecht gemacht wird, um dann über folgende schöne und einfache Brücke zu gehen: »Du mußt ja nur deinen Glaubensvorangängern blind folgen, kindlich glauben, im Gehorsam stehen und alles treu erfüllen, was dir gesagt wird, vor allem dein eigenes Ich in den Tod geben, um bei dem täglich zu erwartenden Wiederkommen Jesu angenommen zu sein.« Ein riesiger Druck lastet so auf den »Gotteskindern«. Gegen diesen Druck wurde uns formelhaft und wiederholend eingetrichtert, daß »wir ja das freudigste, glücklichste und seligste Volk auf Erden« sein dürfen. »Wir sind nicht gut, aber wir haben's gut«, predigte auch ich.

Ich habe dieses Auf und Ab, diesen ständigen Wechsel von Feuer und Wasser, von Hineindrücken in den Staub und Vorspielen der Sonne lange mitgemacht. Heute sind mir diese Vorgänge bewußt und klar. Im Zurückschauen stelle ich fest: ein entsetzliches, ein mörderisches Spiel. Mörderisch für das Selbst, die Seele eines Menschen. Um dies äußerlich zu überleben, konnte ich mich nur immer und immer wieder selbst verleugnen. Meine Gefühle waren ja immer falsch, wenn sie nicht der Norm oder Vorgabe entsprachen.

Dabei wird das eigene Gefühlsleben so radikal verdrängt, daß man letztendlich nicht mehr weiß, was man eigentlich will. »Den eigenen Willen, den geb ich in den Tod«, so lautet denn auch eine vielgebrauchte Formel. Irgendwann ist der Wille tatsächlich gebrochen.

Die Vielzahl von Fällen psychosomatischer Krankheiten bei den Gläubigen der NAK ist nicht verwunderlich. Das ständige Verdrängen und Unterdrücken der eigenen Wünsche und Bedürfnisse, das ständig schlechte Gewissen, der permanente Druck und die Angst, etwas falsch zu machen, ohne zu wissen was, muß krank machen, muß sich körperlich niederschlagen. Auch das habe ich am eigenen Leib schmerzhaft erfahren.

Gottesbild und Menschenwert

Ein Grund-Denkmuster des neuapostolischen Glaubens läßt sich mit dem Begriff »Händler-Gott« umschreiben. Es regiert das Prinzip von Leistung und Gegenleistung. Ich muß Gott etwas bringen, dann bekomme ich seinen Segen; ich muß seinem Knecht gehorchen, dann hilft er mir; ich muß blind dem Wort des Apostels glauben, dann wendet Gott mein Schicksal; ich muß meine Zeit ganz dem Herrn, will heißen: der Kirche, geben, dann gibt mir mein Arbeitgeber eine Gehaltserhöhung u.s.w. Ständig muß ich mit Gott Handel treiben: Gebe ich dir, gibst du mir. Gott wird mißbraucht, nur noch zum Erfüllungsgehilfen meiner blindgläubigen und gehorsamen Beziehung zu den Amtsträgern der Kirche abgestempelt. Folge ich dem Rat des Segensträgers und erfahre ein positives Ergebnis, gehe ich zu ihm und danke ihm für seine Fürbitte, denn nur aufgrund seiner Fürbitte tritt das Erwünschte ein. Folge ich dem Rat und das Erwünschte tritt nicht ein, ist natürlich Gott verantwortlich, der mich wieder mal prüfen will. Folge ich dem Rat nicht im Gehorsam und tritt eine negative Folge ein, liegt dies an meinem Ungehorsam, den Gott straft. Wenn ich keine Vorleistung erbringe, kann Gott mich ja nicht segnen. So funktioniert das Denk- und Glaubenssystem der Neuapostolischen Kirche. Entsetzlich, welche Gotteslästerung und welcher Mißbrauch des Namens Gottes darin steckt.

Besonders schlimm wirkt sich die Instrumentalisierung Gottes zu Unterwerfungszwecken aus. Stets wird der zürnende, der strafende Gott, der Richter-, der Überwachungs-Gott beschworen. Sein Auge sieht alles, sieht das Geheime, das Verborgene. Vor ihm kann ich nichts verstecken, weder den »Playboy« noch die Zweifel in meinem Herzen. Sünde sind ja nicht nur die offenen Verstöße gegen die Kirchennormen. Wenn mir sonntags bei der Sündenvergebung kein Fehltritt einfällt, wird mir gesagt: »Du hast in Gedanken gesündigt, selbst Gedanken, von denen du nichts weißt, sind sündig.« In Anlehnung an ein biblisches Wort habe auch ich mir und anderen gepredigt: »Wir sündigen des Tags nicht sieben, nein sieben mal siebzig Mal« – also ständig. Immer sitzt mir Gott im Nakken, gegen dessen Vorschriften, Erwartungen, Normen ich verstoße, ob ich es will oder nicht, ob ich es weiß oder nicht. Vor diesem Gott kann ich nur schlecht und unwürdig sein, wenn es nicht die Erlösung durch die NAK gäbe. Ich kann Gnade und Vergebung erhalten, aber nur wenn ich an den Apostel und den Priester, der am Altar steht und die Vergebung der Sünden ausspricht, glaube. Wie oft habe ich diese Worte inbrünstig verkündet: »Im Auftrag meines Apostels verkündige ich euch die frohe Botschaft: Im Namen Jesu sind euch die Sünden vergeben, und der Friede des Auferstandenen ruhe auf eurer Seele.« Nur wer diese Worte hörte und sie im Glauben aufnahm, von dem waren die Sünden abgewaschen. Meine Worte. Was bildete ich mir ein?

Wenn ich das christliche Verständnis zugrundelege, daß Gott seinen Sohn opferte und am Kreuz sterben ließ als Sühne für die Sünden der Menschen, dann erscheint es mir heute als blanke Blasphemie, daß ich als Mensch hinstand und Sünden vergab. Sündenvergebung in Abhängigkeit davon, was ein Apostel und dessen Untergebene aus Gottes Willen machen, ob sie vergeben oder nicht, ob sie Sünden erlassen oder behalten. Erst der Droh- und Überwachungs-Gott, dann der Wiedergutmachungs-Gott. Peitsche und Zuckerbrot. So schafft man Abhängigkeit. Um dem strafenden Gott zu entrinnen, laufe ich immer wieder zur Freistatt, in meine Kirche, zu meinen Glaubensführern. Wie oft habe ich innerlich bis zum nächsten Sonntag gezittert, an dem meine Sünden vergeben würden durch das Priesterwort.

Welche Pervertierung der Kadavergehorsam hervorbringt, mag folgende Geschichte illustrieren: Ein Konfirmand sagte zu seiner Mutter: »Die Konfirmation wird mein letzter Gottesdienst-Besuch sein.« Mit Weinen und Beten, so der Priester, brachte die Mutter ihre Sorge um ihr Kind vor Gott. Kurz vor der Konfirmation ging der Junge dann ins Schwimmbad, sprang vom Sprungbrett, brach sich das Genick und verstarb. Die Mutter dankte Gott für seine Liebe, daß er ihr Kind zu sich nahm, bevor es ihm untreu werden konnte!!! Welch ein System, das einen solch zynischen Gott, ein solches menschenfressendes Ungeheuer fabrizieren muß, um die Menschen bei der Stange zu halten.

Zur Selbstrechtfertigung wird schließlich noch der »Gott der Ordnung« eingesetzt. Wo alle Fußangeln und psychologischen Kniffe des Systems versagen und eine Entscheidung, eine Norm, ein Dogma als von Menschen gemacht erscheinen könnte, greift die »göttliche Ordnung« ein. »Menschen können fehlen, aber die göttliche Ordnung ist unantastbar.« Was allerdings göttliche Ordnung ist, legen die Führer fest. Sie kann heute so, morgen anders sein. Der Heilige Geist offenbart sie, im Apostel, im Stammapostel, in den Knechten Gottes.

Die schärfste Disziplinierung ist die Lehre von der *Sünde wider den Heiligen Geist*. Die Angst vor dieser Sünde begleitet einen Gläubigen in der Neuapostolischen Kirche sein Leben lang. Sie wird ihm nebulös und in immer neuen, fast magischen Formen eingeflößt. Mit Schreiben unseres Bezirksapostels vom 11.11.1980 erhielten wir endlich Aufklärung zur Frage: Was ist Sünde wider den Heiligen Geist? Schon die ersten vier Sätze jagten uns die nackte Angst in die Knochen:

> Die Sünde wider den Heiligen Geist ist geistlicher Selbstmord. Aus diesem Tod gibt es keine Erlösung, weder hier noch im Jenseits. In der ganzen Schöpfungs- und Reichsgottesgeschichte kam es immer darauf an, wie sich die Menschen dem zeitgemäßen göttlichen Wort und den Offenbarungen gegenüber einstellten. Dementsprechend waren die damit verbundenen Folgen.

Auf fast drei Seiten wurde nun dargestellt, daß viele Menschen Gott nicht gehorchten, von Adam und Eva bis zum Volk Israel, auch Jesus sei abgelehnt und bekämpft worden. All das sei tragbar, werde vielleicht mit Hunger oder Gefangenschaft bestraft, sei aber keine Todsünde. Ganz anders verhalte es sich jedoch mit den Aposteln:

> Wer heute die Lehre der Apostel des Herrn und Arbeit des Geistes Christi an den unsterblichen Seelen verlästern und als teuflisch bezeichnen würde, hätte damit die Sünde wider den Heiligen Geist begangen. Der Geist der Wahrheit, den wir zu dieser Arbeit empfangen haben, ist es doch, der durch die Apostel des Herrn und

die mit ihnen verbundenen treuen Brüder redet. Das bezeugte Jesus mit den Worten: ›Ihr seid es nicht, die da reden, sondern eures Vaters Geist ist es, der durch euch redet‹ (Matthäus 10,20). Es ist etwas Furchtbares, wenn der Mensch mutwillig das ablehnt oder sogar verlästert und bekämpft, was der Herr zur Errettung der so hilfsbedürftigen, verschuldeten Menschheit verordnet hat. Damit widerstrebt er dem Bemühen des Heiligen Geistes, begeht also die Sünde wider den Heiligen Geist.

Die magische Wirkung der Sünde wider den Heiligen Geist hat ihre Ursache im Nebulösen dieser Lehre. Wie oft dachte ich mit Entsetzen: Jetzt habe ich sicher die Sünde wider den Heiligen Geist begangen, weil irgendein Zweifel oder eine Kritik in mir hochkam. Sofort habe ich meine Anfragen angstvoll unterdrückt. Einige Male fragte ich meine Glaubensvorangänger, ob ich diese Sünde begangen hätte. Sie sagten mir: »Solange du fragst und damit die Sorge beweist, hast du sie nicht begangen.« Das beruhigte mich vorläufig, nahm mir aber nicht die Angst und veranlaßte mich weiterhin zur Unterdrückung eigener Gedanken und Gefühle.

Brutal wird durch den so gepredigten menschenverachtenden Gott die Entwicklung des Menschen verhindert. Er wird zur Marionette, die an den Fäden und Fingerzeigen der »Vorangänger« hängt. Totale Fremdbestimmung, Auslieferung an die Steuerung durch sogenannte »Gottesboten« ist die Folge – totale Hörigkeit.

Verderben oder Errettung

Was gab meinem Streben nach Gehorsam, Nachfolge, kindlichen Glauben seinen Sinn? Es war mein Glaube, »daß der Herr Jesus so gewiß wiederkommen wird, wie er gen Himmel gefahren ist und die lebenden Brautseelen, die auf sein Kommen hofften und zubereitet wurden, verwandelt und zu sich nimmt, daß er nach der Hochzeit im Himmel mit diesen auf die Erde zurückkommt, sein Friedensreich aufrichtet und sie mit ihm als Könige und Priester regieren«. Unverändert wie seit hundert Jahren wurde die tägliche Erwartung des wiederkommenden Jesus gepredigt. Dann würden alles Leid, aller Kampf, alle Not ein Ende haben. Die tägliche Bereitschaft war das wichtigste. Allein der Gedanke, daß Jesus gerade heute eventuell nicht kommen könnte, hätte bedeutete: Ich gehöre zu denen, die in ihrem Herzen sagen: »Mein Herr kommt noch lange nicht!« Mit dieser Herzenseinstellung würde er mich nicht mitnehmen.

In diesem Zusammenhang wurde uns folgende Geschichte zur Warnung erzählt: Eine Frau fragt ihren Apostel: »Lieber Apostel, wer füttert denn meinen Wellensittich, wenn Jesus uns zu sich nimmt?« Antwort des Apostels: »Sie, liebe Schwester, denn mit Ihrem Herzen hängen Sie offensichtlich noch so an dem Tier, daß der Herr Sie nicht mitnehmen kann!«

Es war mir ein großes Anliegen, die anvertrauten Glaubensgeschwister auf die Wiederkunft Christi vorzubereiten, sie freudig zu stimmen. Wir waren die »Braut des Herrn«, das auserwählte Volk. Wir als die kleine Schar waren dazu aus allen Menschen erwählt. Nicht die Guten und Mächtigen dieser Welt – nein, wir! Aus unerfindlichen Gründen erachtete Gott uns mehr wert als alle anderen. Johannes, der die Apokalypse geschrieben hat, sah auf einem Berg die 144.000: »Und ich sah das Lamm stehen auf dem Berg Zion und mit ihm hundertvierundvierzigtausend, die hatten seinen Namen und den Namen seines Vaters geschrieben an ihrer Stirn. ... Und sie sangen ein neues Lied ...; und niemand konnte das Lied lernen denn die hundertvierundvierzigtausend, die erkauft sind von der Erde.« Das waren wir. Nur wir erlernten das neue Lied in unseren wunderbaren Gottesdiensten. Nur wir würden mit dem Lamm, also mit Jesus, auf dem Berg stehen. Nur wir dürften als die Könige und Priester bald mit ihm tausend Jahre lang regieren.

Wie jede Medaille hat auch diese zwei Seiten. Meist predigten wir von der guten Seite, der freudigen Erwartung auf den Tag des Herrn. Den »treuen Seelen« gefielen die sogenannten »Heimatlieder« am besten, weil sie die Sehnsucht nach der ewigen und himmlischen Heimat steigerten. Erst heute bemerke ich, daß viele dieser »Heimatlieder« im Gesangbuch unter der Rubrik »Am Grabe – Gedächtnis der Entschlafenen« stehen und ein Ausdruck der Welt und Lebensfeindlichkeit der NAK sind. Zunehmend predigte ich von der Sehnsucht nach der Heimat, von der täglichen Erwartung. Erst heute ist mir bewußt, was da vor sich ging. Ich konnte die Verdrängung alles Menschlichen nicht mehr verkraften, das Abtöten meiner Gefühle hatte mir das Leben lebensunwert gemacht. Diesem Leiden wurde durch die Erwartung der »Heimholung« ein Ziel gegeben. Bald winkte uns das Trocknen der Tränen, ein Ersatz, eine Belohnung für allen Verzicht und alle Entbehrung. Fast entsteht eine Sehnsucht nach kollektivem Abscheiden. Ich erlebte, wie Menschen ihren ganzen Halt nur noch aus der Erwartung des Endes nahmen. Nur so hielten sie ihre Leiden am Leben, an Eheverhältnissen, an Verdrängungen ihrer Gefühle, ihrer menschlichen Sehnsüchte aus.

So also sah die »Freude« auf den Tag des Herrn aus. Auf der anderen Seite ging von diesem Tag ein gewaltiges Drohpotential aus. In diesem Augenblick würde sich alles entscheiden. Ob ich für die Zukunft, für alle Ewigkeit Gemeinschaft mit Gott haben könnte, ewiges Leben, oder ob ich ewige Reue erleben, ewig mit Satan im Feuer brennen sollte, ohne Aufhören. Ob mein ganzes bisheriges Leben umsonst gelebt war, mein Kämpfen gegen mich, mein Überwinden, meine ständigen Gottesdienstbesuche, meine Geld- und Zeitopfer. Wenn ich in diesem einen entscheidenden Augenblick, auf den nun schon Generationen warteten, nicht bereit bin, wäre alles aus.

Eine kleine Chance wäre zwar gewesen, zum sogenannten »Sonnenweib« zu gehören, das nach dem Wiederkommen Jesu in die Wüste gebracht und dort vor dem großen Weltverderben bewahrt würde. Aber zur »Braut«, zum »Erstling«, zum »König und Priester« hätte ich dann niemals mehr werden können.

Für die Untreuen, die Müßigen, die Zweifler stand folgende Zukunft zu erwarten: »Und der Engel schlug an mit seiner Hippe an die Erde und schnitt die Trauben der Erde und warf sie in die große Kelter des Zorns Gottes. Und die Kelter ward draußen vor der Stadt getreten; und das Blut ging von der Kelter bis an die Zäume der Pferde durch tausendsechshundert Feld Wegs.« (Offenbarung 14,18-20). Das war das Szenario der »Bluthochzeit« – die Alternative.

Mit diesem mythischen Bild werden auch heute noch Millionen von Gläubigen in Schach gehalten.

Der Seelsorge-Dienst

»Seelenpflege«

Im Priesteramt bekam ich einen Priesterbezirk mit circa 80 Gläubigen in etwa 40 Haushalten zugeordnet. Etwa 25 Mitglieder waren sogenannten »Formelle«; das sind solche, die länger als ein Jahr den Gottesdiensten fernblieben.

Nach den Richtlinien für Amtsträger mußte ich die »anvertrauten Seelen« alle sechs Wochen besuchen. Diese Frist konnte ich nicht einhalten, weil es zu viele Haushalte waren und ich hin und wieder geschäftlich am Abend verhindert war. Ich hatte ein schlechtes Gewissen, suchte vor mir selbst Rechtfertigungen, warum ich meinen Auftrag nicht vollwertig erfüllen konnte. Tief innen aber war ich froh, daß diese objektiven und äußeren Gründe vorlagen. Denn sogar nach drei Monaten kam ich mir auf den Besuchen lästig vor. Nur ganz wenige »Glaubensgeschwister« kamen nach sechs Wochen schon mal in der Kirche auf mich zu und mahnten den nächsten Besuch an.

Die »formellen Geschwister« sollten mindestens einmal im Jahr aufgesucht werden. Wenn schon kein Besuch in der Wohnung möglich war, sollten wir doch wenigstens an der Türe ein kurzes Gespräch führen, mahnen, der Herr sei nahe, das große Verderben würde kommen. »Und was ist's dann, was du gesammelt hast?«

In der Anfangszeit wurde mir aufgetragen, die Familienbesuche möglichst unangemeldet zu machen, getreu der Richtlinien für Amtsträger: »*In der Regel macht man die Besuche unangemeldet. Man sieht und erfährt dann manches, was auf den inneren Zustand der Geschwister und auch auf die äußere Ordnung in der Familie einen Schluß ziehen läßt.*« Auch dazu hatte ich nicht unbedingt den Mut. Mir war es peinlich, einfach so hereinzuplatzen. Um mein Gewissen zu beruhigen, praktizierte ich dies dennoch hin und wieder. Was in den Familien angetroffen wurde, besprachen wir dann in den örtlichen Ämter-Versammlungen oder berichteten es weiter »nach oben«.

Ab und zu gab es Neuzugänge in der Gemeinde. Dann las der Vorsteher im Ämterzimmer das Überweisungsblatt und die Stellungnahme über das Glaubensleben des/der Betreffenden vor. Nach den

Richtlinien für Amtsträger mußte der bisherige Vorsteher dem Personalienblatt ein Begleitschreiben beilegen, in dem er über das Verhalten, den Besuch der Gottesdienste, den Charakter und den seelischen Zustand der Geschwister vertraulich berichtete.

Über meine Besuche hatte ich pünktlich und genau Buch zu führen. In Familienbesuch-Formularen waren alle Familien aufgeführt. Ich mußte in der jeweiligen Monatsspalte das Datum meines Besuchs und meinen und den Namen meines Begleiters eintragen, auf der Rückseite eventuell auch Bemerkungen über den Zustand der Besuchten. Besondere Formulare gab es für die »formellen Mitglieder der Neuapostolischen Kirche«. Am Jahresende bekamen wir die Listen, in die folgendes eingetragen werden mußte: Name, Vorname, Geburtsdatum, Familienstand, Kirchenbuch-Nr., Wohnort, Straße, das Datum, seit dem die/der Betreffende den Gottesdiensten ferngeblieben ist, wer wann die Betreffenden besuchte, Ursache des Fernbleibens sowie Erfolg der Besuche. Insbesondere letztere Bemerkungen machten mir immer Kummer. Ich übernahm vieles aus der Listenführung meines Vorgängers. Da stand z.B. bei einem Mann: »Reiner Verstandesmensch«. Bei einem anderen: »Hat sich der Welt zugewandt. Studiert.« Oder: »Nur irdische Interessen«. Oder: »Zum zweitenmal geschieden, aus der evang. Kirche nicht ausgetreten.« Oder: »Völlig desinteressiert. Atheistische Einstellung. Lebt mit andersgläubiger Frau zusammen.«

Heute ist mir klar, warum ich damals mit dieser Art von Bewertung und Kategorisierung Probleme hatte. Meistens übernahm ich die Bewertungen der Vorjahre, bemühte mich aber um Sachlichkeit und Richtigkeit. Denn ausfüllen mußte ich diese Spalte ja. Besonders gravierend hat sich mir folgender Fall eingeprägt: Bei einem Mann in meinem neuen Priesterbezirk übernahm ich von meinem Vorgänger: »Nur irdische Interessen, Bequemlichkeit, Alkoholiker.« Von meinem ersten bis zum letzten Besuch bei dieser Familie stellte ich nichts von alledem fest. Jahrelang hatte ich mit Vorurteilen und Vorbehalten zu kämpfen, bis ich dann den Mut hatte, im fünften Jahr meiner Amtstätigkeit diese Bewertung einfach zu streichen.

So wie ich in meiner Zeit als Diakon einem Priester zugeteilt war, bekam ich jetzt einen, zeitweilig auch zwei Diakone zugeteilt. Sie waren meine Mitarbeiter bei der Betreuung der mir »anvertrauten Seelen«, zugleich war ich ihr »Vorangänger«. Ich durfte sie bitten, auffordern, anweisen. Sie folgten mir im Glauben und Gehorsam. Irgendwie hatte ich in dieser Konstellation aber immer ein beklemmendes Gefühl. Ich schaffte es nicht wie manche anderen Priester oder höheren Ämter, meine nun tatsächlich vorhandene Machtposition auszunutzen. Meine »Vorangänger«-Rolle fiel mir schwer. Nicht weil ich es mit dem Glauben, auch mit dem Glauben an die Hierarchie nicht ernst nahm. Vielmehr weil ich, nun selbst in dieser Rolle, mit meinem »Aufstieg« nicht zurechtkam.

Freitags nahm ich »meinen« Diakon zum Familienbesuch mit. Hin und wieder fragte einer der anderen Priester, ob »mein« Diakon ihn begleiten könne. Wie Leibeigene wurden diese Diakone gehandelt. Wenn wir zu zweit weggingen, war ich als Priester natürlich federführend, bestimmte, wen wir besuchten, und führte das Gespräch. War mein Diakon so schüchtern wie ich früher, dann bat ich ihn förmlich um eine Zugabe.

Die Familienbesuche verliefen stets so, daß ich nach einigen einleitenden Sätzen die »Anvertrauten« fragte, ob sie etwas auf dem Herzen hätten, ob Probleme oder Fragen vorlägen. War dies der Fall, hatten wir Gesprächsstoff. Lag nichts vor, »predigte« ich zwangsläufig, meistens vom nahen Kommen des Herrn. Ein echter Gedankenaustausch, richtige Gespräche kamen nicht zustande.

Aber auch Ermahnungen hatte ich zu erteilen – vor allem bei Glaubensgeschwistern, die Gottesdienste versäumten, war meine Sorge um ihr Seelenheil so groß, daß ich irgendwie darauf zu sprechen kam. Ich wies auf den nahen Tag des Herrn hin. Wenn Jesus kommt – und wir warteten ja jeden Tag darauf –, dann zähle ausschließlich die Treue bis zuletzt. Was wäre alles irdische Gut, auch alle früheren Gottesdienstbesuche, wenn wir in dieser Stunde nicht bereit und würdig wären? Alles umsonst. Nur noch Verderben und ewige Reue, aber umsonst, nichts wäre mehr zu ändern! Bei den Treuen konnte ich die Freude auf den Tag des Herrn hervorheben, denn dann wäre ja alles Leid und alle Entbehrung zu Ende.

Für Krankheiten und Schicksalsschläge gab es eine einfache Differenzierung. Für die treu im Glauben Stehenden galt: Dies ist eine Prüfung Gottes, er hat dich besonders lieb, du bist für einen besonderen Dienst ausersehen, vielleicht später in der Ewigkeit an solchen, die in ähnlichen Verhältnissen zerbrochen sind. Hier auf der Erde ist nicht unsere Heimat, sondern nur eine Durchgangsstation, in der wir uns bewähren dürfen für die große Aufgabe in der Ewigkeit.

Für solche, die nicht so treu waren, etwa Gottesdienste versäumten, waren solche Schicksalsschläge allerdings Denkzettel, heilsame Schrecken Gottes. Das durften wir natürlich nicht offen sagen, aber hinter vorgehaltener Hand im Kreis der Amtsträger war man sich im klaren darüber. Schließlich sagten uns die »Richtlinien für Amtsträger« ja überdeutlich:

> Vor allem darf man niemals einem Kranken, der vielleicht vorher träge war im Besuch der Gottesdienste oder in Sünden lag, sagen, daß die Krankheit die Strafe für sein Verhalten sei. Der Kranke wird darüber wohl schon von selbst Klarheit finden.

Ich versuchte immer auf Umwegen zum Thema zu kommen. Aber warnen mußte ich, schon um meiner Seele willen, denn uns Amtsträgern wurde immer wieder das alttestamentliche Wort aus Hesekiel 3, 17-19 vor die Nase gehalten und eingeschärft:

> Du Menschenkind, ich habe dich zum Wächter gesetzt über das Haus Israel; du sollst aus meinem Munde das Wort hören und sie von meinetwegen warnen. Wenn ich dem Gottlosen sage: Du mußt des Todes sterben, und du warnst ihn nicht und sagst es ihm nicht, damit sich der Gottlose vor seinem gottlosen Wesen hüte, auf daß er lebendig bleibe: so wird der Gottlose um seiner Sünde willen sterben; aber sein Blut will ich von deiner Hand fordern. Wo du aber den Gottlosen warnst und er sich nicht bekehrt von seinem gottlosen Wesen und Wege, so wird er um seiner Sünde willen sterben; aber du hast deine Seele errettet.

Ich wollte meine Seele retten. Die Drohung, das Blut des gottlosen Anvertrauten von meiner Seele zu fordern, wirkte, und ich gab den auf mir lastenden Druck an die Gläubigen weiter.

Die Vorschrift war, Familienbesuche nicht länger als eine bis eineinhalb Stunden lang durchzuführen, spätestens bis 21.30 Uhr. Wenn mir die Besuchten allerdings erst am Ende ein Problem schilderten, konnte ich nicht einfach auf die Uhr schauen und abbrechen. Ich wollte Seelsorger sein und nicht Bürokrat. Schreckbild waren die

Besuche, die ich als Diakon mit einigen Priestern unserer Gemeinde erlebte. Da war man mit dem Rasenmäher über die Probleme hinweggegangen, und wenn die vorgeschriebene Zeit um war, wurde einfach abgeschaltet.

Der »göttliche Rat«

Hatte ein Kind in der Schule eine Klassenarbeit zu schreiben, kam es zu seinem Sonntagsschullehrer oder zu mir als Seelsorger. Manchmal fragte ich: »Hast du auch gelernt?« Wurde diese Frage, mit der ich mich angesichts der unsicheren Ergebnisse gut absicherte, bejaht, konnte ich mit göttlicher Festigkeit sagen: »Dann wird alles gut werden.« Das Kind aber konnte mit dem sicheren Gefühl in die Klassenarbeit gehen: Mein Segensträger denkt ja an mich.

Hatte ein Erwachsener Schwierigkeiten am Arbeitsplatz oder wollte sich verändern, so fragte er als treues und gläubiges »Gotteskind« seinen Segensträger, mich als den Priester oder den Gemeindevorsteher oder gar den Apostel. Diese ließen das Anliegen »auf ihre Seele wirken«. In aller Regel wurde dann der Ratsuchende gefragt: »Hast du in der neuen Stellung denn auch noch genügend Zeit für den Herrn«? Wenn diese Zeit noch in ausreichendem Maße verblieb, stimmte der Segensträger zu, wenn nicht, riet er ab. Es gab jedoch Ausnahmen: Als ich beispielsweise in meinem beruflichen Werdegang in ein Ministerium und dort später in eine zentrale politische Abteilung wechseln konnte, riet man mir trotz des höheren Zeitaufwands zu. Das Argument meines Segensträgers: »Es ist gut, wenn wir dort auch jemand sitzen haben.«

Meistens war es mit der Liebe und der gegenseitigen Tragkraft trotz »göttlicher« Vermittlung nicht weit her. Aufkommende Konflikte z.B. in der Ehe werden verdrängt. Geht dies nicht mehr oder macht ein Partner dieses Versteck- und Verdrängungsspiel nicht mehr mit, treten die Konflikte und Probleme offen zutage.

Für das Eheleben hatte man uns Harmonie und Einssein als die richtigen Prinzipien eingetrichtert. Eigene Lösungsstrategien bei Konflikten standen uns nicht zur Verfügung. Um im göttlichen Segen zu stehen, blieb in diesen Fällen nur der Besuch beim Segensträger. Dieser machte dann einen »Familienbesuch« und wies auf die göttliche Ordnung hin, wonach der Mann des Weibes Haupt ist. In der Regel werden Schlichtungsversuche und Hinweise auf das Verzeihen damit untermauert, die Partner darauf festzunageln, sie hätten sich Treue und Liebe versprochen, seien vom Herrn zusammengeführt und ihre Ehe im Himmel geschlossen worden. Die Liebe müsse deshalb immer größer werden. Dann folgt der Rat, bei drohendem Streit sollten die Eheleute miteinander beten.

Der unter dem Eindruck des Besuchs eines Gesandten Gottes neugewonnene Friede hält nur kurze Zeit. Einfach deshalb, weil alle Mühen der Beteiligten nicht den Menschen, den beiden Partnern in ihrem persönlichen Drama gelten, sondern kirchliche Dogmen und Heilslehren, die weit jenseits der Botschaft Christi liegen, im Vordergrund stehen. Der Umgang mit Konflikten wird nicht als stark und schön erkannt, schließlich lassen sich daraus auch Lösungsmöglichkeiten entwickeln. Diese Chancen und Möglichkeiten aber müßten in den einzelnen Menschen individuell entwickelt werden. Das aber würde die Macht und Einflußmöglichkeit der Amtsträger schmälern. An diesem tragischen Mechanismus habe ich als Priester leider mitgewirkt.

Der Württembergische Kirchenpräsident und Bezirksapostel hat mit Rundschreiben vom 1.2.89 (W 07/89) den Amtsträgern mitgeteilt, daß sie bei Ehe- und Familiensachen die Betreffenden immer auf den zum Ehebund empfangenen Segen verweisen sollten. Eine Scheidung sollte womöglich vermieden werden. Letztlich sei es jedoch Sache des einzelnen. Zu dieser Entscheidungsfreiheit des einzelnen kommt es jedoch in der Regel gar nicht, da ihnen vorher ein so schlechtes Gewissen und eine so hohe göttliche Verpflichtung eingeredet wurde, daß die Betreffenden in ihrer Situation verharren – und weiter leiden.

Fragt man einen Amtsträger um Rat und Hilfe, fragt man nie den Menschen, sondern immer das Amt und bekommt immer einen »richtigen«, weil göttlichen Rat. Jedes eigene Denken und Handeln kann oder muß sich der wirklich Gläubige verwehren – bis hin zu dem optimalen Zustand, daß er selber gar nichts mehr will. »Ich lege meine Hände, o Herr, in deine Hand, führ du mich bis ans Ende ...«.

Aus diesem Grund können Probleme in der Regel nicht mehr vom einzelnen im Sinne einer starken Persönlichkeit gelöst werden. Nein, man wird immer Amtsträger fragen müssen und sich ihnen, ihren menschlichen Vorstellungen, Gefühlen, persönlichen Charakteren und Problem- und Gefühlslagen ausliefern.

Die Kirchenführer wissen natürlich um die Problematik des »göttlichen« Ratschlages und um das Dilemma, wenn zwei Amtsträger zum gleichen Problem unterschiedliche Ratschläge geben, obwohl sie vom gleichen Gott gesandt sind. Deshalb wurde uns immer wieder nahegelegt, daß für jedes Problem nur ein einziger Amtsträger gefragt werden darf. Gott müsse seinen Segen und sein Wohlgefallen zurückziehen, wenn wir in der gleichen Sache einen zweiten oder gar dritten fragen würden, nur weil uns vielleicht die Antwort des ersten nicht gefallen hat. Dies mußte verhindert werden, weil natürlich ein anderer Mensch zumeist auch einen anderen Rat gibt.

Die meisten Bitten um Rat beruhen auf ganz normalen Fragestellungen des Lebens, etwa: Sollen wir ein Haus bauen? Als wir uns mit diesem Thema befaßten, nützten alle positiven Berechnungen nichts. Wir benötigten den Rat des Herrn, nur so konnte der Segen auf dem Vorhaben ruhen. Aber im stillen Kämmerlein überlegten wir schon, wen wir fragten, und entschieden uns für den Bezirksevangelisten, denn der war selbst Hausbesitzer. Von ihm vermuteten wir am wenigsten Ablehnung. Der Gedanke ging auch auf. Aber wie absurd: Wir waren nicht in der Lage, die Entscheidung selbständig zu treffen! Und wenn der Segensträger abgelehnt hätte, wären wir nicht fähig gewesen, den Plan dennoch durchzuführen. So groß ist die Abhängigkeit.

Hat man einen Rat bekommen, vielleicht versehen mit einem Bibelwort, der Zusage, daß der Segensträger des Anliegens ständig im Gebet gedenkt, dann muß der Rat umgesetzt werden. Stellt sich Erfolg ein, lag es an der Göttlichkeit des Rates und Ratgebers und am Glauben des Ratsuchenden. Stellt sich kein Erfolg oder gar ein echter Mißerfolg ein, wird die Göttlichkeit des Ratgebers keinesfalls in Zweifel gezogen. Vielmehr liegt es dann ausschließlich am mangelnden Glauben und Gottvertrauen des Fragenden. Er bleibt allein mit seinem Problem zurück und bekommt noch zusätzlich die Last der Selbstzweifel, der Selbstvorwürfe und -beschuldigungen aufgeladen.

Furchtbare Folgen stellen sich ein für den aus Angst oder wirklich Gläubigen: Er wird seiner Persönlichkeit beraubt, seine ihm von Gott geschenkte Kraft und Stärke als Mann oder Frau, sein ihm eigener Wert, seine Fähigkeit zur Steuerung und Bewältigung seines

Lebens werden ihm genommen, letztlich verliert er sein Grundvertrauen in die von Liebe und Gnade erfüllte Führung Gottes. Diese versteht er nur noch als etwas außerhalb von ihm stehendes, personifiziert in der Ämter-Hierarchie. Führung Gottes ist damit nichts mehr, was nur in einem selbst wirksam und wertvoll wird. Eine furchtbare Gottesentfremdung.

Die göttlichen Normen

Gebet, Arbeit, Opfer

Die Pflege des Gebetslebens in einer Familie ist zuvorderst Aufgabe des »Hauspriesters«. Als »Hauspriester« bezeichnet man die Männer in den Familien, Frauen haben auch hier keine Funktion. Der Hauspriester hat über die Familie zu wachen und einen »Altar« aufzurichten. Im stillen Gebet mit Gott zu reden ist zwar auch möglich, aber göttlicher Segen kann nur da sein, wo mindestens morgens und abends mit der Familie gebetet wird, und zwar auf den Knien. Das Gebet muß folgende Bestandteile enthalten: Dank an Gott, z.B. für die Glaubensvorangänger und ihre sichere Führung; dann die Bitten; nicht zuletzt die Fürbitte, z.B. für die neuapostolischen Gläubigen in den Hunger- oder Kriegsgebieten, um Erhaltung der Glaubensvorangänger, vor allem des Stammapostels.

Unter dem Motto »Handelt, bis daß ich wiederkomme!« soll alle Zeit und Kraft dem Herrn, also der Kirche, geweiht werden. Wehe dem, der seine Talente »ins Schweißtuch wickelt« und nicht mit Freude im Werk Gottes arbeitet. Erst heute ist mir klar, daß meine Talente, also im biblischen Gleichnis die Pfunde, nie so eingewickelt, ja eingemauert wurden wie durch die Indoktrinationen dieses Glaubenssystems. Ein Talent zu entwickeln war nicht möglich. Die Führer sagten mir, was ich zu tun hätte, und schärften mir ein: »Du arbeitest mit Freuden im Werk Gottes.« Das ständige Einreden allein kann auch freudig machen. Die Programmierung von Kindheit an funktioniert.

Geopfert wurde nicht nur Zeit und Kraft, sondern vor allem Geld. Immer wieder wurde uns eingetrichtert: »Die Herzensdankbarkeit äußert sich im Opfer. Der Herr bedarf nicht unseres Geldes, aber wir bedürfen seines Segens. Je treuer im Opfer, desto mehr Segen.« Also »opferten« wir den Zehnten unseres Einkommens nach dem Wort aus Maleachi: »Bringet den Zehnten in mein Kornhaus.« Ich realisierte damals nicht, daß dies im Religionsstaat Israel die gleiche Funktion hatte wie in unserem heutigen Staatswesen die Einkommenssteuer, nämlich letztlich eine Umverteilung der Naturalgüter zwischen denen, die etwas besaßen, und denen, die nichts hatten. Ungeklärt war aber, ob der Zehnte vom Brutto- oder vom Netto-Einkommen gegeben werden sollte. Unser Apostel klärte uns sehr energisch auf: Ein reines Opfer, das Gott wohlgefällt und seinen Segen nach sich zieht, sei nur ein solches, das vom Bruttolohn berechnet würde und für das nicht ein Teil wieder vom Staat zurückgeholt werde. Also war alles klar. Die Auseinandersetzung mit meiner Frau über diese Frage entschied ich natürlich zugunsten des Segens Gottes.

Ich überlegte nicht einmal, daß die Kirche aus dem »Scherflein der armen Witwe« ein mehrere Milliarden Mark umfassendes Vermögen ansammelte. Schon gar nicht interessierte ich mich dafür, daß wir Kirchenmitglieder nichts über die Verwendung der jährlichen Milliarden-Einnahmen aus dem sogenannten Opfer erfahren durften. Ich gab mein Geld ja Gott. Und wenn der nichts für karitative Zwecke übrig hatte und bei Nahrungsmittelhilfen für die Dritte Welt nur neuapostolische Glaubensgeschwister bediente, war das ja seine Sache.

Wochenverlauf und Zeiteinsatz

Mit dem Lied »Herr, hier bring ich mein alles, Leib, Seel' und Geist dir dar. O du mein Hoherpriester, nimm hin mich ganz und gar« übergaben wir unser ganzes Sein Gott – oder besser gesagt: der Kirche. Dies war für unsere »Zubereitung zum königlichen Priestertum« von ganz besonderer Bedeutung.

Opfern hieß nicht nur Geld, sondern Zeit, Kraft und Leben völlig und uneingeschränkt in den Dienst des Herrn, das heißt der Kirche zu stellen. Das Wort »Freizeit« sollte es für ein »treues Gotteskind«, einen Knecht des Herrn nicht geben. Mir wurde eingeredet, und ich redete anderen ein, daß nichts auf der Welt so wichtig sei, wie die Zeit völlig in den Dienst des Herrn zu stellen. Alles, was wir im Irdischen und Weltlichen tun, sei ja vergänglich. Auch die Berufsausübung gehöre dazu. Hingegen würden für jede Minute Zeiteinsatz für den Herrn ewiger Lohn winken.

Mein Zeiteinsatz sah etwa folgendermaßen aus:

Wochentag	Aufgaben
Sonntag	9.00h-10.30h Gottesdienst bis 11.45 Krankenbesuche 14.30h-16.30h Gottesdienst
Montagabend	als Priester Familienbesuche als treues Mitglied Weinbergsarbeit für Jugendliche zusätzlich jeweils einmal im Monat Jugend-Gottesdienst und Jugendchor-Singstunde
Dienstagabend	als Amtsträger Familienbesuche als treues Mitglied Singstunde des Kirchenchores
Mittwochabend	Gottesdienst
Donnerstagabend	als Priester Familienbesuche als treues Mitglied Weinbergsarbeit
Freitagabend	als Amtsträger Familienbesuche
Samstag tagsüber	als Priester hin und wieder Krankenbesuche
Samstagabend	als Priester Vorbereitung und »Heiligung« auf die Gottesdienste am Sonntag

Nie hat mir jemand gesagt, ich möge doch auch Zeit für mich selbst oder für die Familie einplanen. Mitte der achtziger Jahre kam vom damaligen Stammapostel einmal der erleichternde Hinweis, Amtsträger sollten doch einmal in der Woche ein »F« in ihrem Kalender einplanen, also einen Familienabend vorsehen, da ja auch die Ehefrau und die Kinder zu den anvertrauten Seelen gehörten. So gut dies gemeint war, zeigt es mir doch heute vor allem die Stellung des Mannes als Amtsträger in Ehe und Familie. Warum sollte ich nur in dieser betreuenden, überwachenden, fürsorgenden Funktion bei der Familie sein, und nicht ganz einfach nur als Mann und Vater?

Hatte jemand aufgrund der beruflichen Situation hin und wieder keine Zeit »für den Herrn«, wurde er scheel angesehen, man unterstellte ihm bewußt oder unbewußt, das Weltliche und Vergängliche sei ihm wichtiger als Gott. Ich hatte durch meine Tätigkeit in der Regierungszentrale immer Probleme mit meiner Zeit »für den Herrn«. Wenn es gar nicht anders ging und ich abends nicht »für den Herrn und sein Werk« tätig sein konnte, weil dem dringende Dienstgeschäfte entgegenstanden, hatte ich ein schlechtes Gewissen. Wenn es allerdings irgendwie möglich war, versuchte ich meiner Aufgabe nachzukommen. Ich raste heim, müde zwar und abgespannt, aber für den Herrn war mir kein Opfer zu groß. Ich aß schnell ein Brot und weg war ich wieder, für zwei Stunden im Gottesdienst, beim Familienbesuch oder in der Weinbergsarbeit, nur nicht bei Frau und Kindern.

Die Sonntage wurden allein durch den Gottesdienst-Besuch dominiert. Meine Frau stand früh auf, um die Kinder zu richten. Sie müssen natürlich perfekt gekleidet sein und ihre schönen Sonntagskleider tragen. Die Familie soll 20 bis 30 Minuten vor Gottesdienst-Beginn in der Kirche sein. Dies traf sich mit meiner Amtstätigkeit, denn ich mußte mich als Priester 30 Minuten vor Beginn im Ämterzimmer einfinden. Dort bereiten sich die Priester mit dem Vorsteher oder dem Gottesdienst-Leiter vor, besprechen organisatorische oder die »anvertrauten Seelen« betreffende Dinge. Oder legen auch mal fest – wie bei uns geschehen –, ob ein Verstorbener, dessen Tod der Gemeinde bekanntzugeben ist, »in die himmlische Heimat« oder mangels Treue im Glauben nur »in die Ewigkeit« gegangen ist.

Nach dem Gottesdienst war meine Frau oft völlig erschöpft. Aber sie kochte schnell, während ich als Priester noch die Kankenbesuche zu machen hatte. Um 14.00 Uhr dann wieder dieselbe Prozedur: Striegeln, Bügeln, Richten, denn um 14.30 Uhr mußten wir wieder in der Kirche sitzen. Dasselbe Spiel wie am Vormittag. Um 16.30 Uhr schließlich waren wir zu Hause und atmeten erstmal durch: »Jetzt kann es endlich Sonntag werden.«

»Mit Freuden und freiwillig gehe ich in die Gottesdienste.« Das zumindest hätte ich damals jedem Menschen gegenüber erklärt. Auch wenn es nicht nur wie üblich drei, sondern gar vier oder fünf Gottesdienste in einer Woche gewesen wären. Immer und immer wieder war mir eingeimpft worden, daß ich nicht aus Zwang, sondern absolut freiwillig in die Gottesdienste gehe. Der Gottesdienst, so hatte ich es seit Kindesbeinen inhaliert, sei ein tiefes inneres Bedürfnis in mir, weil dort der Hunger meiner Seele nach Himmelsbrot und ihr Durst nach Lebenswasser gestillt werde.

Bei näherer Betrachtung erweist sich dieses angebliche innere Bedürfnis viel eher als Angst vor Ablehnung durch Gott und Mensch. Jeder mutwillig versäumte Gottesdienst galt und gilt bis heute als schwere Sünde. Das ist, so wurde uns schlüssig erzählt, wie beim Bau eines Gebäudes: Fehlt ein Stein, zieht es, das Gebäude nimmt Schaden, zuletzt stürzt es ein. Ein fehlender Gottesdienst ist wie ein fehlender Stein im Seelengebäude und verhindert ewige Seligkeit und Rettung. Mutwillig den Gottesdienst zu versäumen, hieß, Gott und seine Knechte, seine Gnade und Liebe, sein Geisteswirken in unserer Zeit abzulehnen. Logisch, daß Gott dann seinerseits seine Hand zurückziehen würde.

Verwundert es da, daß für mich wie für viele meiner Glaubensgeschwister dieses angebliche innere Bedürfnis tatsächlich einen Angstmechanismus darstellte? Viele neuapostolische Menschen gestanden mir schon damals, daß sie eigentlich keine innere Kraft, keine Erkenntnis, keine Führung, auch nicht die große Freude und das große Glück in den Gottesdiensten empfänden. Sie alle gingen aus Angst weiter hin.

Diese Angst wird durch Gebete für die »Säumigen« in Gottesdiensten und bei Familienbesuchen ständig geschürt. Man bittet, daß ihnen Gott die Augen öffnet, daß sie ihren Mangel, ihre Sünde erkennen. Gott, so beteten wir, möge ihnen ein »heilsames Erschrekken« schicken, z.B. einen Unfall, eine Krankheit, einen Verlust oder irgendeinen anderen Schicksalsschlag.

Wenn selbst alte und kranke Menschen sich in die Gottesdienste »getrieben fühlen«, selbst unter großen Schmerzen und mit den letzten Kräften, werden solche Beispielsfälle den übrigen Gottesdienst-

Besuchern immer wieder als vorbildlich und Gott wohlgefällig vorgehalten.

Ein treuer Gottesdienstbesucher kommt auch im Sommer bei 35 Grad in Anzug und Krawatte. Als Amtsträger trug ich unerschütterlich auch bei tropischer Hitze meinen schwarzen Anzug. Die Ehrfurcht vor Gott gebot dies, angeblich. Ich nahm nicht wahr, daß Gott in unseren Breitengraden etwas strenger war als in Afrika, wo sich die Apostel, unter demselben Gott, hemdsärmelig hinter dem Altar ablichten ließen.

Kinder müssen im Gottesdienst nahezu zwei Stunden absolut ruhig sitzen. Schon in frühesten Tagen achten die Mütter darauf, ihre Kinder ruhigzustellen. Wir waren stolz, als in unserer Kirche ein Mutter-Kind-Raum eingerichtet wurde, von dem aus die Mütter durch eine Glasscheibe den Blick zum Altar haben und die Kinder das Gottesdienstgeschehen nicht stören! In einer Art Wettbewerb versuchten die Mütter, ihre Kinder in diesem Raum so früh wie möglich so ruhig zu drillen, daß sie mit ihnen im großen Gottesdienst-Raum sitzen konnten. Die Mittel reichten von Bonbon- und Schokoladengaben bis hin zu Strafen durch Prügel oder Androhung einer Strafe Gottes. Es gab Mütter, die ihre nicht ruhigzustellenden Kinder in die Toilette oder ins Untergeschoß der Kirche schleppten und sie dort so schlugen, daß das Schreien durch die ganze Kirche zu hören war.

Besondere Vorfreude galt sogenannten »großen Gottesdiensten«, wenn der Apostel in die Gemeinde kam oder die Übertragung eines Stammapostelgottesdienstes erfolgte. Zu dieser Freude trägt nicht unwesentlich bei, daß an einem solchen Sonntag der zweite Gottesdienst ausfällt. Dies gesteht jedoch niemand ein. Es ist eine heimliche, unausgesprochene Freude. Aber die Sprache ist verräterisch: »Nächsten Sonntagnachmittag haben wir frei.«

Immer wieder gab es besondere Gottesdienste. Eine besondere innere und äußere Bewegung lösten die sogenannten Entschlafenen-Gottesdienste aus. In diesen Gottesdiensten wurde nicht nur der Verstorbenen gedacht, es wurden auch nicht neuapostolische verstorbene Seelen getauft und »versiegelt«. Mit großer innerer Bewegung bereiteten wir uns privat und in Gottesdiensten schon Wochen vorher auf diese dreimal im Jahr stattfindenden Veranstaltungen vor. Wir beteten für die vielen unerlösten Seelen im Jenseits, für alle, die wir kannten, Lehrer, Nachbarn, Kollegen, die zu Lebzeiten das Werk Gottes auf der Erde nicht erkennen konnten. Aber auch für die vielen Unbekannten, seien es die alten Indianer oder die Gefallenen des Weltkriegs oder die abgetriebenen Kinder. Wir waren die zentrale Zugangsstelle zu Gott an diesen drei Sonntagen nicht nur für die Lebenden, sondern auch für alle Gestorbenen. Uns wurde gesagt: »Ihr könnt nur eine Hilfe für diese Seelen sein, wenn ihr euch in völliger Versöhnung, möglichst ohne Fehl und Tadel, ohne Kritik und Unzufriedenheit, ohne Konflikt und Streit verhaltet.« Bei jedem negativen Gedanken oder unguten Wort hatten wir ein schlechtes Gewissen, nun keine Hilfe mehr für die armen Seelen sein zu können.

Es war Okkultismus pur, den wir erlebten. Die schaurigsten Geschichten wurden erzählt, in denen die Seelen Verstorbener zu den lebenden Neuapostolischen kamen, schreiend in ihren Qualen, leidend in ihren Abgründen, um Hilfe flehend, die ihnen nur vom Stammapostel an diesen Sonntagen gewährt werden konnte. Amtsträger berichteten von Geistern, die ihnen bei Tag oder Nacht begegnet seien, von verstorbenen gläubigen Angehörigen solcher »Gotteskinder«, die nicht mehr regelmäßig in die Gottesdienste kamen und deren Verwandte nun aus dem Jenseits zur Treue mahnten. Zu meiner Zeit als Amtsträger öffnete der Stammapostel am Morgen des ersten Sonntags im März, Juli und November – wie es hieß – alle Bereiche und Gefängnisse im Jenseits, ließ die Seelen zur Gnadenstätte im Apostelamt kommen, taufte, versiegelte diese Seelen und vergab ihnen ihre Sünden.

Einige Zeit nach meinem Ausstieg bemerkte die Kirchenführung, daß nicht der Stammapostel die »Bereiche aufschließen« darf, sondern dies nach der Bibel nur Jesus möglich ist. Deshalb ersetzte man diese Anmaßung durch eine andere: Nach der neuen Regel muß Jesus zuerst öffnen, dann dürfen die Seelen zum Stammapostel kommen, der für die Öffnung des Himmelreichs(!) zuständig ist.

Allgemeinverhalten

Verhaltensregeln waren nirgends festgelegt. Aber wir hatten sie dennoch aufgrund der ständigen »Berieselung« so verinnerlicht, daß sie für uns zur »göttlichen Ordnung« wurden. Deshalb war in unserer Wohnung bis zum Jahr 1985 kein Fernsehgerät zu finden.

Mit diesem Medium komme die Welt ins Haus, würden wir uns dem Einfluß fremder Geister ausliefern, so wurden wir gelehrt. Wir konnten es natürlich nicht ganz lassen und besuchten manchmal nicht neuapostolische Verwandte, um bei ihnen interessante Filme anzusehen. Als ich längst wegen meiner beruflichen Tätigkeit im Büro ein Fernsehgerät stehen hatte, wagten wir aufgrund einer sich langsam entwickelnden kritischeren Haltung, auch in unserem Wohnzimmer einen Apparat aufzustellen, aber zunächst mit schlechtem Gewissen.

Kino-Filme waren Teufelszeug in reiner Form. Wenn Jesus wiederkommen und wir im Kino wären, würde er uns nicht zu sich nehmen – wurden wir gelehrt. Als Kind weckte schon ein verstohlener Blick auf die Kinoreklame ein schlechtes Gewissen. Diese Angst saß tief. Ich werde nie den ersten Kino-Besuch vergessen, als Mitte der achtziger Jahre die Opernverfilmung »Carmen« Premiere hatte. Ich war zu einer Dienstbesprechung in Berlin und vom Gastgeber zur Filmpremiere eingeladen worden. Mit einer riesigen Anspannung saß ich im Kino, ständig die Angst im Nacken, irgend etwas könnte jetzt passieren oder Jesus könnte kommen und mich zurücklassen.

Die Verhaltensregeln wurden von Gemeinde zu Gemeinde unterschiedlich streng angewandt. Liberalere Vorsteher hatten keine Einwände gegen einen Besuch des Rummelplatzes. Andererseits gab es Gemeinden, in denen die Männer keine Schmuckringe am Finger tragen oder die Frauen die Fingernägel nicht lackieren sollten. Oder die Methode der Verhaltensvorgaben wurde variiert, z.B. in der Form, daß ein Besuch des Theaters nicht offen verboten wurde, dort aber »geistige Einflüsse« vermutet wurden, die dem »geistigen Leben eines Gotteskindes nicht zuträglich sind«. Diese Methode war subtiler. Die Unterschiedlichkeit der Handhabung in den Bezirken erklärte man uns damit, daß der Heilige Geist zeitlich und örtlich eben jeweils »das Richtige erweckt«. Liberale, strenge oder subtile Methoden hatten alle dasselbe Ergebnis: die Gläubigen an der Leine zu führen, sei diese nun kurz oder lang. Eine Wirkung, die nur infolge der Abhängigkeit von den Glaubensführern und ihrer Willkür eintreten konnte.

Das Erwachen

Der innere Kampf

Immer wieder gab es »große« Gottesdienste, Festgottesdienste, vielleicht ein Besuch des Apostels oder des Bezirksältesten in der Gemeinde, oder die Übertragung eines Stammapostel-Gottesdienstes. Schon Wochen und Tage vorher wurde eine riesige Vorfreude auf diesen Gottesdienst geschürt. Tief in mir habe ich mich gefragt, woher man diese Freude nehmen soll. Dann kam der Gottesdienst, und alle waren begeistert und freuten sich ob der Größe der Predigt, ob der neuen Erkenntnisse aus dem Heiligen Geist, ob der gewaltigen Stärkung der eigenen Seele. Ich gestehe, daß ich oft in dieses Lob- und Danklied eingestimmt, im Gebet mich bei Gott für den »wunderbaren Segen« bedankt, in der Predigt die Weisheit und Größe des Gotteswirkens im Glaubensvorangänger gerühmt habe. Aber oft dachte und fühlte ich tief in mir, daß ich eigentlich gar nicht diese Hochgefühle empfunden hatte. Aber ich suchte den Fehler nie im System, sondern immer bei mir selbst. Dann rumorte in mir die bohrende Frage: Was stimmt mit mir nicht? Ich wagte jedoch nicht, diese Frage mit irgendeinem Menschen zu besprechen, nicht einmal mit meiner Frau oder den engsten Freunden.

Mitte der achtziger Jahre begann ich, solche Gedanken und Gefühle ernst zu nehmen. Wir freuten uns immer wieder, wenn wir Gottesdienste hören konnten, die nicht wegen ihres Leiters, sondern wegen ihres Inhalts eindrücklich waren. Auf der Suche nach solchen Gottesdiensten entdeckten wir unter anderem einen Apostel aus W., der inhaltlich ebenso erkenntnisreich wie kraftvoll und mit Substanz predigte. Zu diesem Zeitpunkt ahnten wir noch nichts Böses. Aber eines Tages erhielten wir Informationen, daß dieser Apostel vor seiner Amtsenthebung stehen solle. Wir fuhren nach D., um seinen letzten Gottesdienst zu erleben und konnten es nicht fassen, daß die Kirchenleitung diesen Mann abschieben wollte. Die einzige Erklärung für mich war und ist bis heute, daß sein neuer Bezirksapostel S. inhaltlich und charismatisch nicht Schritt halten konnte. Immer deutlicher wurde uns, daß es in der Lehre gravierende Unterschiede gab, denn bei dem Apostel aus W. standen ganz wesentlich Jesus sowie die Liebe und Gnade Gottes im Mittelpunkt der Lehre. Auch das Verfahren der Amtsenthebung dieses Apostels und die Begleiterscheinungen und Folgewirkungen erschütterten das Bild »unserer« Kirche. Das alles hatte mit christlicher Lehre nicht mehr das Geringste zu tun.

Wir erlebten eine breit angelegte Verleumdungskampagne gegen diesen Mann. Von Betrug und Unterschlagung über außereheliche Beziehungen bis zu unehelichen Kindern reichten die Verleumdungsversuche. Die Diskrepanz zwischen den Gerüchten und den Maßnahmen der Kirche einerseits sowie den Lehrinhalten und der Kraft dieses Mannes andererseits gaben mit den Ausschlag: Wir wollten uns unmittelbar informieren. Im persönlichen Gespräch erlebten wir ein intaktes Familienleben und einen Mann, der ohne jeglichen Haß und ohne Angriffe gegen seine Inquisitoren und Verfolger berichtete, der an seinem Ziel festhielt, Lehre und Leben Jesu zu vermitteln, es allerdings ablehnte, Menschen oder Normen in den Mittelpunkt zu stellen. Es erschütterte uns zutiefst, wie die oberste Kirchenleitung, dem eigenem Anspruch zufolge Stellvertreter Christi auf Erden, von ihm persönlich gesandt und das Amt der Versöhnung tragend, gegen diesen Mann und seine Freunde vorging.

Ich erhielt Informationen, nach denen alle Amtsträger im dortigen Apostelbezirk vorgeladen wurden und man ihnen die Frage vorlegte, ob sie bereit seien, sich von ihrem früheren Apostel zu distanzieren. Wer dies nicht erklärte, wurde postwendend des Amtes enthoben, und zwar »im Namen Gottes, des Vaters, des Sohnes und des Heiligen Geistes«. Das Haus wurde durch Fanatiker überwacht und Auto-Kennzeichen und Personen registriert, die zu Besuch waren. Die Tür wurde in Haßausbrüchen mit Kot beschmiert. Der inzwischen todkranke Vater wandte sich gegen den Sohn, wohl wesentlich als Folge der Beeinflussung durch den Amtsnachfolger. Worte, die der Vater kurz vor seinem Tod angeblich gesprochen hatte und die gegen den Sohn verwendet werden konnten, wurden öffentlich verbreitet. Wer bereit war, sich auch nur einen Moment mit den Fakten dieses Falles, mit den Beteiligten und mit den Hintergründen zu befassen, mußte sich entsetzt und mit Abscheu von den Praktiken der NAK abwenden – oder ins Nachdenken kommen.

Wir konnten das alles nicht fassen. Dabei konnten wir noch nicht ahnen, daß ein Teil dieses Instrumentariums auch uns einholen sollte und wie gründlich man bereit war, alles mundtot zu machen, was den Machtanspruch der leitenden Apostel gefährden könnte. Später erlebten wir selbst, wie durch Vasallen des Systems Telefon und Briefpost überwacht wurden.

Dennoch war ich unverändert überzeugt, in Gottes Werk und im richtigen Glauben zu stehen. Aber ich beobachtete genauer, gestand mir meine Gefühle mehr zu, zum Beispiel das Gefühl der Leere in der Lehre. Ich hatte erlebt, wie es auch anders sein kann. Ich sah die unchristliche Vorgehensweise der sogenannten Gesandten Christi, der Apostel, und konnte meine eigenen Eindrücke beim besten Willen nicht mehr verleugnen.

An den Grundansprüchen der neuapostolischen Lehre hielt ich aber nach wie vor fest. Zwischenzeitlich gab es einige ganz wenige Glaubensgeschwister, mit denen ich offen über meine Probleme reden konnte. Sie alle gestanden sich erst viel später ein, schon früh an der Inhaltslosigkeit der Lehre gelitten zu haben und sich in Selbstvorwürfen ergangen zu haben.

Nun einmal aufgewacht, fing ich an, nach tieferen Erkenntnissen zu suchen. Ich war nicht mehr mit der inneren Leere zufrieden. Das konnte es nicht sein. Also begann ich zu suchen. Ich suchte vorrangig in der Bibel. Ich wollte in meinen Predigtbeiträgen nicht mehr nur die eingefleischten Phrasen in neuer Komposition verbreiten, sondern tiefer gehen. Für jeden Gottesdienst las ich weiterhin intensiv in unserem sogenannten Amtsblatt die Predigtanleitungen, begann aber, nicht mehr allein das Bibelwort zu lesen (ohnehin in der Regel nur ein Satz, Halbsatz oder ein bis zwei Verse), sondern studierte das gesamte Kapitel dazu. Und dabei machte ich die Feststellung, daß die im Amtsblatt vermittelten Erkenntnisse zu dem vorgegebenen Wort entweder inhaltslos oder schlicht falsch waren, verglichen mit den beim Lesen des Gesamttextes sich ergebenden reichhaltigen und weitreichenden Erkenntnissen.

Allein das bloße Lesen vollständiger Kapitel in der Bibel brachte mich schon viel weiter als die angeblichen Erkenntnisse des Heiligen Geistes im Apostelamt. Ich fragte mich, was zu tun ist mit einer Kirche, die sich nicht allein danach ausrichtet, was Christus sagt.

Zunächst verhandelte ich das alles aber nur mit mir selbst. Erst später sprach ich meine Probleme vorsichtig mit meiner Frau an, noch später mit Freunden, von denen ich den Eindruck hatte, daß sie ähnlich denken und fühlen.

Nach dieser Phase, in der ich vor allem den Mut zu mir selber fand, besonders den Mut, das Gefühl der Oberflächlichkeit und Äußerlichkeit in dieser Kirche, der Unwahrhaftigkeit anzunehmen, es ernst zu nehmen, begann ich, meine neuen Erkenntnisse auch zu äußern – in Predigten und bei Besuchen. Ich konnte nicht anders. Wenn ich, wenn die Kirche, deren Glauben ich glaubte, auf dem Urgrund Jesus Christus stehen wollte, dann mußte ich dies sagen. Ich konnte, einmal im Wissen um die Zusammenhänge und den Sinn biblischer Aussagen, nicht mehr das Gegenteil dessen predigen, was ich gelesen hatte. Wenn es der Kirche um Wahrheit ging, dann mußte dieses so gesagt werden. Ich hätte es nicht mehr mit meinem Gewissen vereinbaren können, mich auf Jesus und die Bibel zu berufen und ihr Gegenteil zu verkündigen.

Der äußere Kampf

Aber damit begann der Kampf. Ich erwähnte nicht mehr in jeder Predigt dreimal den Apostel oder den Bezirksältesten. Ich kaute nicht mehr ständig wieder, was sie zuvor in irgendeinem Gottesdienst gesagt hatten. Ich suchte, die Lehre Jesu und der Bibel zu vermitteln. Zunächst sprach man mich nicht darauf an, die Reaktionen erfolgten in den Predigten anderer priesterlicher Ämter. Sie sprachen um so mehr vom Stammapostel, vom Apostel, von den Bezirksämtern.

Ich zitierte oft das Wort des Propheten Jesaja: »Ich, der Herr, das ist mein Name; und will meine Ehre keinem andern geben noch meinen Ruhm den Götzen« (Jesaja 42, 8). Oder die Antwort Jesu, als er mit »Guter Meister« angesprochen wurde: »Was heißest du mich gut? Niemand ist gut denn der einige Gott« (Matthäus 19, 17). Oder die Forderung Jesu: »Aber ihr sollt euch nicht Rabbi nennen lassen; denn einer ist euer Meister, Christus, ihr aber seid alle Brüder. Und sollt niemand Vater heißen auf Erden; denn einer ist euer Vater, der im Himmel ist. Und ihr sollt euch nicht lassen Meister nennen, denn einer ist euer Meister, Christus« (Matthäus 23, 8-10). All diese Hinweise, mit denen ich zeigen und sagen wollte, daß Jesus im Mittelpunkt unserer Lehre und unseres Glaubens stehen sollte, wurden bewußt immer stärker von den anderen in ihren Predigten konterkariert. Später sollte mir mein Vorsteher sagen: »Wenn man dich so hört, könnte man meinen, wir seien evangelisch!« Ein sehr vielsagender Vorwurf. Das Reden von Jesus war nicht erwünscht.

Die Lage spitzte sich zunehmend zu. Als Reaktion auf mich verehrten die anderen Amtsträger ihren Ältesten, ihren Apostel um so mehr und dankten Gott für diese Vorangänger. Sie paukten es der Gemeinde förmlich ein, daß unsere Errettung und unser Heil allein in der Nachfolge unserer Glaubensvorangänger lägen. In ihnen sei uns Jesus und Gott im Fleische nah. Um so mehr sah ich mich gezwungen, auf die Jesus-Worte hinzuweisen: »Folget mir nach!« Ich war sehr froh, einen Freund zu haben, dem es ebenso erging wie mir, der ebenso mißtrauisch beobachtet wurde und dessen Predigt ebenso bekämpft wurde. Auch zwei Diakone hielten an der Freundschaft zu uns fest – und wurden bald ähnlich kritisch beobachtet.

Es kam die Phase, in der wir offen vom »Altar« bekämpft wurden. Der Vorsteher, die Priester, auch die die Gemeinde besuchenden Bezirksämter warnten vor falschen Geistesmächten, die sich unter dem »Volke Gottes« breitmachten, vor dem Abfall von Gott. Ein Priester – ein ehemals enger Freund – tat sich besonders hervor, indem er ständig von der »Rotte Korah« erzählte, die sich gegen ihren Führer Mose auflehnte und von der Erde verschlungen wurde. So werde es allen ergehen, die sich gegen den Stammapostel als Führer des neuen auserwählten Volkes und gegen die Apostel auflehnten. Damit meinte er uns. Eine Anzahl von Glaubensgeschwistern zeigte uns deutlich ihre Sympathie, war auch dankbar für inhaltsvollere Predigten als sie sonst an der Tagesordnung waren. Sie sprachen nach den Gottesdiensten mit uns. Dies rief natürlich weitere Aggressionen unserer »lieben Brüder« hervor.

Dies alles war nicht etwa eine Erscheinung in unserer vielleicht besonders gelagerten Gemeinde. Zuerst dachte ich dies. Aber ich mußte erfahren, daß das Gesamtsystem so strukturiert ist. Denn gerade die oberste Führungsinstanz, der Stammapostel, bildete nicht nur das sichtbare Haupt der Gemeinde Christi, sondern auch die Spitze der Inquisitionskampagne. Seit einige Amtsträger, darunter auch ich, etwa Mitte bis Ende der achtziger Jahre anfingen, die Ungereimtheiten in der Auslegung der Bibel, die Mißinterpretationen, die Verflachungen der Lehre bis hin zur Leere zu entdecken, warnte er in fast jedem Gottesdienst vor Besserwissern. Er brandmarkte sie, machte sie lächerlich, ging bis zur Verleumdung.

Aber das menschlich Enttäuschende wie Erschütternde, leider auch Typische für die NAK, war, daß mich in der ganzen Zeit, in all den Monaten und Jahren, kein einziger verantwortlicher Amtsträger offen auf das Problem ansprach. Der ganze Kampf wurde am Altar und hinter den Kulissen ausgetragen. Die anderen Priester warnten in den Familien vor uns. Wir erfuhren dies durch uns wohlgesonnene Mitglieder. Sie warnten neu in die Gemeinde kommende Mitglieder vor Bekanntschaft oder gar Freundschaft mit uns. Aber uns begegneten sie mit lächelnden Gesichtern, Frieden und Liebe auf den Lippen, aber den Krieg in der Tasche, das Messer in der Faust.

Als Beispiel füge ich den Bericht eines Freundes ein. Er zog mit seiner Frau 1986 in unsere Stadt. In der vorigen Gemeinde war er Diakon gewesen, und es war üblich, in der neuen Gemeinde dann im selben Amt bestätigt zu werden. Wir kannten uns vor seinem Zuzug nicht. Erst die späteren Jahre sollten uns zu Freunden zusammenschweißen. Er schreibt über den ersten Familienbesuch, den der Vorsteher meiner Gemeinde 1986 bei ihm machte:

> Als wir unseren ersten Familienbesuch nach dem Wohnungswechsel bekamen, waren wir sehr erstaunt. Es begann mit einem »Abtasten« unserer Seele. Unsere Treue zu den Amtsträgern wurde überprüft. Im Laufe des Gesprächs erklärte der Vorsteher, daß er auch Sorgenkinder in der Gemeinde bzw. unter den Amtsträgern habe. ... Höhepunkt des Besuchs war, als der »liebe Vorsteher« über seine beiden »Sorgenpriester« sprach. Er flehte uns förmlich an, zu diesen Männern und ihren Familien keinen Kontakt aufzunehmen. Denn eine Verbindung zu solchen Priestern wäre für uns »treue Gotteskinder« eine große Gefahr. Wenn der Priester Dannwolf anders zum Werk Gottes stehen würde, könnte er unser Hauspriester werden und ich sein Diakon. Aber eine solch große Entscheidung könne und wolle er nicht alleine treffen, er müsse den

Rat des Bezirksältesten einholen. Dabei kannte ich Priester Dannwolf noch gar nicht genau, ebenso wenig Priester Stöhr. Diese Warnung veranlaßte mich jedoch, genauer hinzusehen.

Wir mußten erleben, daß engste Freunde uns mieden, ohne jemals offen ihre Gründe zu nennen. Nicht nur das, gerade von diesen »Freunden« gingen die schlimmsten Anfeindungen und Verleumdungen aus. Verrat und Überwachung, Denunziation waren an der Tagesordnung. Von mir wohlgesonnenen Gemeindemitgliedern erfuhr ich immer wieder, was in der Gemeinde und unter den Amtsträgern über mich und ähnlich Denkende aktuell verhandelt, spekuliert und wie geurteilt wurde. So erfuhr ich auch immer wieder, wer wann wie lange bei uns zu Besuch war. Es wurde beobachtet, welches Auto vor dem Haus stand. Zum erstenmal in meinem Leben sah ich mich in dieser Zeit veranlaßt, ständigem Telefonterror zeitweilig durch die Einrichtung einer Postüberwachung zu begegnen.

Dies alles fand hinter unserem Rücken statt. Die »Freunde«, Glaubensbrüder und -schwestern konnten nicht in Offenheit und Wahrhaftigkeit auf uns zugehen und ihre Vorbehalte oder Kritik zur Sprache bringen. Vielmehr wurden andere vor dem Umgang mit uns gewarnt. Menschen, die mir aufgrund meines Amtsauftrages zugeordnet waren und zu denen ich ein wechselseitiges Vertrauensverhältnis herzustellen suchte, wurden vor Irrlehren gewarnt, vor Abfall von Gott, vor verderblichen Einflüssen. Sie wurden heimlich befragt, was ich denn in meinen sogenannten Hausbesuchen so alles erzähle. Auf diese Weise wurde ein enges Netz geknüpft, Stasi-Praktiken vergleichbar.

Den Schlußakkord für meinen Freund im Priesteramt und die Endphase für mich im Jahre 1988 schildert die nun folgende Chronologie. Ich schildere diese Zeit und die Erfahrungen und Geschehnisse detailliert und ausführlich, weil sich darin fast die gesamte negative Praxis des neuapostolischen Glaubenssystems, seiner Irrungen und Abweichungen von jeglicher christlicher Basis, seines Abgleitens zu einem Machtinstrument, sein menschenverachtendes und seelentötendes Grundsystem, aber auch seine Arroganz, Ignoranz, Selbstherrlichkeit, seine Falschheit und sein Pharisäertum zeigen.

Das Jahr der »Inquisition«

Der erste Streich

Im Januar 1988 spitzte sich die Situation in unserer Gemeinde zu. Die Amtsträger bekämpften meinen Freund Bernd und mich persönlich und in unseren Lehraussagen. Keiner von ihnen suchte jedoch eine persönliche Aussprache. Sie kämpften ihren Kampf über das Medium Predigt und in den Familien, wo sich noch deutlicher und unverhohlener die volle Aggressivität entfaltete.

Dieses Wirken der Amtsträger, das in der Neuapostolischen Kirche ja angeblich fast immer aus dem Heiligen Geist geboren ist, war sehr folgenreich: Meine Eltern wurden gemieden, auch von solchen Glaubensgeschwistern, die sie in den Jahren vor diesen Entwicklungen mit Liebe geradezu überschwemmt hatten, die sie eingeladen und besucht hatten, die in ihnen Vater- und Muttterersatz gefunden zu haben behaupteten; unsere Kinder wurden nicht mehr zu den so beliebten Kinder-Geburtstagsfeiern bei Gleichaltrigen eingeladen, bei denen sie zuvor keine Feier versäumt hatten. Wir selbst wurden von den »Freunden« beobachtet und überwacht.

Obwohl wir gezeichnet waren durch die Ketzerverfolgung und die Wirksamkeit ihrer Aktivisten, stand für uns fest: Es gibt kein Zurück. Maßgeblich dafür waren weder Sturheit noch Beleidigtsein, auch nicht die Abwehrhaltung eines Angegriffenen oder Bedrängten. Für uns gab es deshalb kein Zurück, weil es in der Lehre und Praxis der Neuapostolischen Kirche offensichtlich gravierende Irrungen und Wirrungen gab, die nicht mehr im geringsten mit Evangelium und Lehre von Jesus Christus in Übereinklang zu bringen waren. Wir gewannen die tiefe Überzeugung, daß ein Wahrheitsanspruch, so ihn nach unserem damaligen Verständnis überhaupt jemand erheben konnte, ausschließlich auf der Basis von Lehre und Leben Jesu gegründet sein konnte.

In dieser Situation am Jahresbeginn 1988 hielten wir Rückblick und Ausblick. Wir versuchten uns vorzustellen, was das neue Jahr bringen wird und wie wir persönlich mit den sich abzeichnenden Entwicklungen fertig werden würden. Aus Erfahrungen mit dem Umgang mit Abweichlern, Zweiflern und Kritikern in anderen NAK-Bezirken und Gemeinden versuchten wir unsere Rückschlüsse zu ziehen. Wir sprachen uns Mut zu, doch es kam alles anders als gedacht. Die Ereignisse überschlugen sich.

Donnerstag, 7. Januar 1988

Am Abend dieses Tages ist Gottesdienst. Überraschend besucht der Bezirksälteste B. unsere Gemeinde. Ein solch überraschender Besuch ist deshalb außergewöhnlich, weil ansonsten jeder Besuch eines Bezirksamtes im Monatsplan lange vorher angekündigt wird, um bei der Gemeinde schon im Vorfeld eine große Erwartungsfreude auszulösen. Die Durchsichtigkeit des Besuchsgrundes an diesem Abend wird mir vollends klar, als der Bezirksälteste nach dem obligatorischen Mitdienen des Vorstehers mich zum Predigtdienst aufruft. Der Ruf diente natürlich dazu, mich zu testen, meine Gedanken und Worte zu prüfen, mich im wahrsten Sinne des Wortes vor-zuführen. Die Prüfung gilt vor allem der Frage, wie meine persönliche Einstellung zu ihm sei, ob ich im sogenannten »Einssein« mit ihm stünde, meine Freude über seinen Besuch und den großen Segen zum Ausdruck brächte, und ob ich seine Lehraussagen unterstütze oder etwa eigene Gedanken hätte. Ich predigte einige Minuten. Das Ergebnis der Prüfung wird mir natürlich nicht mitgeteilt.

Mittwoch, 13. Januar 1988

Bernd nimmt nach seinem Urlaub abends erstmals wieder am Gottesdienst teil. Nach der seit vielen Jahren geübten Praxis des Vorstehers, die Priester in schöner Reihenfolge und Regelmäßigkeit zum Mitdienen aufzurufen und dies vor dem Gottesdienst anzukündigen, wäre Bernd heute abend an der Reihe. Er wird nicht aufgerufen. Der Vorsteher gibt ihm hierzu weder einen Hinweis noch eine Erklärung. Im Anschluß an den Gottesdienst lädt der Vorsteher Bernd ein, ihn am Freitag zu einem Gästeinformationsabend zu begleiten. Der Grund für diese Einladung ist deutlich. Bernd muß jedoch aus dienstlichen Gründen absagen.

Sonntag, 17. Januar 1988

Bernd wird erneut nicht zum Mitdienen aufgerufen. Die Maßnahmen, das Redeverbot und die im Hintergrund gesponnenen Fäden, werden offensichtlich. Für den Nachmittag wird mein Freund vom Vorsteher zu einem Gottesdienst in eine andere Gemeinde eingeladen und vom Bezirksältesten zum »Test«-Mitdienen aufgefordert. Nach dem Ende seiner kurzen Predigt, in der er darauf hinweist, daß es wichtig sei, daß sich Amtsträger nicht gegenseitig »hochloben«, verläßt er den Altar und wird vom Ältesten mit schraubstockartigem Griff auf einen Platz neben dem Altar gezwungen. Nach dem Ende des Gottesdienstes verabschiedet er sich von dem neben ihm sitzenden Vorsteher unserer Gemeinde, worauf dieser ihn auffordert, zu bleiben und zu warten, denn der Bezirksälteste wolle noch mit ihm reden, was Bernd aber ablehnt.

Dienstag, 19. Januar 1988
Dienstag, 26. Januar 1988

Bernd wird vom Bezirksältesten schriftlich zu einem Gespräch in unserer Kirche aufgefordert. Bernd lehnt ab und erklärt dem Ältesten, das Gespräch könne nur in seiner eigenen Wohnung stattfinden. Notgedrungen akzeptiert der Älteste. Das Gespräch findet dann eine Woche später, am 26. Januar statt.

Mittwoch, 27. Januar 1988

Bernd wird wieder nicht zum Mitdienen aufgerufen. Erstmals heute auch ich nicht, obwohl ich an der Reihe gewesen wäre.

Donnerstag, 28. Januar 1988

Bernd erhält einen Brief von Apostel W.K., in dem dieser ihn zu einer Unterredung vorlädt und als Termin den 2. Februar verordnet.

Montag, 1. Februar 1988

Für diesen Abend ist ein Gottesdienst für die Amtsträger des Bezirks angesetzt. Er wird üblicherweise vom Bezirksältesten gehalten. Für mich kollidiert dieser Termin mit einem Yoga- und Entspannungs-Kurs, den ich aus gesundheitlichen Gründen belegt habe. Ich ziehe es vor, diesen Kurs zu besuchen, zumal von dem Gottesdienst für Amtsträger und diesem Bezirksältesten in unserer Situation erfahrungsgemäß nur noch weitere Belastungen meiner Gesundheit zu erwarten sind.

Mittwoch, 3. Februar 1988

Obwohl nach der üblichen Routine nun wirklich überfällig, werde ich wieder nicht zum Mit-Predigen aufgerufen. Im Anschluß an den Gottesdienst fragt mich der Gemeindevorsteher nach Art eines Überraschungscoups: »Wo warst du am Montagabend?« Ich antworte ihm, ich hätte einen ärztlichen Termin gehabt. Die Antwort des Vorstehers: »Schade, denn der Bischof war am Montagabend da.« Kein Wort über die wahren Hintergründe der Überwachung, nur das übliche lächelnde und freundliche Gesicht.

Freitag, 5. Februar 1988

Bernd hat seine Unterredung mit Apostel W.K.. Inquisitionsartig wurden ihm Fragen zur geistigen Einstellung gestellt. Die entscheidende Frage an ihn lautet: »Können Sie glauben, daß alles, was der Stammapostel und die Apostel sagen, aus dem Heiligen Geist kommt?« Bernd steht zu seiner Auffassung, daß dies nicht für alles und jedes so sein könne. Darauf der Apostel zu ihm: »Mit dieser Einstellung sind Sie den Gotteskindern nicht mehr zumutbar.« Dann folgt ein scheinheiliges Schlußgebet auf den Knien und eine kalte Verabschiedung.

Die zweite Runde wird eröffnet

Samstag, 6. Februar 1988

Nachmittags kommen unsere Freunde Bernd und Gudrun zu uns, geschlagen an Leib und Seele über den Verlauf der gestrigen Unterredung beim Apostel. Als ich die beiden nach Hause fahre, ruft Bezirksältester B.B. bei uns an und will mich sprechen. Meine Frau kommt nach diesem kurzen Telefongespräch völlig aufgelöst zu unseren Freunden. Denn nun scheint auch der bisher gegen mich geführte »Kalte Krieg« zu eskalieren. Ich rufe am nächsten Tag den Bezirksältesten zurück.

Sonntag, 7. Februar 1988

Erwartungsgemäß werde ich wieder nicht zum Mitdienen aufgerufen. Bernd darf erstmals den Kindergottesdienst, den er viele Jahre gehalten hatte, nicht mehr durchführen, obwohl die Kinder sehr an ihm hängen. Dies alles geschieht noch immer, ohne daß der Vorsteher oder ein anderer »Mitbruder« auch nur ein Wort über die Gründe, die Vorwürfe, über die Überlegungen oder die geheimen Beratungen verlieren. Vielmehr trägt jeder seine Maske der Freundlichkeit, Liebenswürdigkeit und Brüderlichkeit zur Schau.

Um 12.00 Uhr rufe ich den Bezirksältesten zurück. Er lädt mich für Dienstag, 20.00 Uhr, zum Gespräch mit ihm in die Kirche der Kreisstadt. Meine Frage nach dem Grund und Gegenstand des Gesprächs wird von ihm nicht beantwortet, dies sei am Telefon nicht möglich. Ich erkläre ihm, ich sei nur zu einem Gespräch unter vier Augen bereit. Seine Antwort: Ich solle keine Bedingungen stellen. Ich wiederhole, daß für mich aus persönlichen Gründen und aufgrund von Erfahrungen anderer nur ein Gespräch unter zwei Personen akzeptabel sei.

Montag, 8. Februar 1988

Um 22.00 Uhr rufe ich den Bezirksältesten B. an. Ich erkläre ihm noch einmal, lediglich zu einem Zweier-Gespräch, mit wem auch immer, bereit zu sein. Ich appelliere an sein Verständnis als Seelsorger. Er erwidert, daß er diese Haltung zwar nicht verstehe, aber auch genügend anderes zu tun hätte. Deshalb würde er den Bischof entscheiden lassen, wer dieses Gespräch führen solle, er selbst oder der Bischof.

Dienstag, 9. Februar 1988

20.00 Uhr Vorladung. Ich finde mich zu dem am Sonntag und Montag ausgehandelten Gespräch im Ämterzimmer der Kirche der Kreisstadt ein. Entgegen der Absprache und Zusage des Bezirksältesten sind beide da, der Bezirksälteste und der Bischof. Beide verlieren kein Wort über meine ausgiebig geäußerten Gesprächsvoraussetzungen, ignorieren meinen Wunsch völlig. Als ich dann selbst darauf zu sprechen komme, halten sie mir entgegen: »Der Einladende bestimmt, wer bei einem Gespräch anwesend sein soll.« Nach diesem Vorgeplänkel, an dem mich lediglich die Ignoranz, die Überheblichkeit und Stillosigkeit meiner Gegenüber stört, geht es zur Sache: Ich frage nach dem Grund der Gesprächsvorladung. Der Bischof: »Wo waren Sie am Abend des 1. Februar? Sie waren an diesem Abend nicht im Ämter-Gottesdienst.« Er wirft mir vor, ich hätte meinem Vorsteher gesagt, daß ich wegen eines ärztlichen Termins verhindert gewesen sei. Ich frage den Bischof, ob die ständig betonte Freiwilligkeit der Amtstätigkeit in der Neuapostolischen Kirche nicht mehr gelte. Er sagt mir, wenn ein solcher Gottesdienst angesetzt sei, sei die Teilnahme Pflicht und nicht freiwillig. Nach einigem weiteren Geplänkel wird der Bischof direkter: »Sie brauchen uns nicht zu sagen, warum Sie nicht da waren. Wir wissen, wo Sie waren. Sie haben Ihrem Vorsteher die Unwahrheit gesagt. Daher ist das Vertrauensverhältnis gestört. So kann man nicht im Segen stehen und wirken.« Der Bischof weiter: »Wir haben sichere Informationen darüber, daß Sie im Yoga-Kurs waren.« Mich trifft ein Schlag. Ich bin entsetzt. Nicht über die Tatsache, daß sie dies wissen, sondern über die Methode. Ich bringe meine Erschütterung darüber zum Ausdruck, daß unter Amtsbrüdern, angeblich im Geiste der Liebe und Brüderlichkeit miteinander verbunden, Methoden des Staatssicherheitsdienstes oder der Gestapo angewandt werden: Es wird überwacht und denunziert, Beobachtungen und Informationen werden eingeholt, ohne den Betroffenen in Kenntnis zu setzen oder ihn zuerst selbst zu irgendwelchen Irritationen oder Vorwürfen zu befragen. Ich frage, wie sich solche Methoden mit dem Anspruch der brüderlichen Liebe, von dem pausenlos gepredigt wird, vereinbaren lassen. Ich bekomme keine Antwort. In einigen Tagen werde ich erfahren, daß der Bezirksälteste vor dem Gespräch bei verschiedenen Amtsträgern und Glaubensgeschwistern in der Gemeinde, im Kreis sogenannter Freunde und bei Familienangehörigen Erkundigungen eingezogen hatte. Diese Informationen hat er dann vor und nach dem Gespräch mit mir an den Apostel weitergereicht.

Ich finde mich letztendlich – trotz der völligen Mißachtung meiner Persönlichkeit und meiner Würde – bereit, die gestiftete Verwirrung aufzuklären. Ich erläutere, daß ich aufgrund diverser gesundheitlicher Probleme und der entsprechenden Diagnosen durch hochqualifizierte Ärzte zunächst Entspannungstechniken wie autogenes Training und ähnliches versucht hätte, nach fehlendem Erfolg nunmehr unter fachkundiger Aufsicht den Yoga-Kurs wahrnehme. Der zweistündige Kurs-Abend am 1. Februar sei dabei einer der wichtigsten gewesen. Die Reaktion des Bischofs auf diese Erläuterung ist erschütternd und in ihrer Kälte und Gnadenlosigkeit nicht zu überbieten: Er werde diesen Vorgang, er müsse dies dem Apostel berichten. Nichts zu meiner Gesundheit, zu den Ursachen der Probleme oder gar ein verständnisvolles Wort.

Nachdem durch meine Erläuterungen offenbar kein Stoff mehr für Rügen oder weitergehende Maßregelungen gegeben ist, bemerkt der Bischof nach nunmehr einstündigen Gespräch, außerdem lägen ihm Informationen vor, ich würde gegen meinen Vorsteher predigen. Mehr als drei Sätze zur Begründung bleiben für diesen Vorwurf nicht, obwohl mir hierin der Hauptvorwurf zu liegen scheint. Mit der Kritik an der Nicht-Teilnahme am Bezirks-Ämtergottesdienst versucht man nun offenkundig, einen Nebenkriegsschauplatz zu eröffnen, mir eine Falle zu stellen, mir einen Warnschuß zu geben oder mich lautlos auszubooten.

Mittwoch, 10. Februar 1988

Den Abendgottesdienst hält Bezirksevangelist L. Nur heile Welt, ein Reden von Liebe, von Frieden und Glück und Seligkeit. Kein einziges Wort über die derzeitige Situation und Anspannung in der Gemeinde. Und in den eineinhalb Stunden schönfärberischer Reden kein Hinweis auf das, was am Ende des Gottesdienstes, kurz vor dem Abschlußgebet, folgt: Der Bezirksevangelist zieht plötzlich ein Schreiben aus der Tasche – Bernd Stöhr hat dieses Schreiben übrigens nie erhalten –, und liest vor: »Apostel W.K. teilt der Gemeinde mit, er sehe sich nach den erfolgten Gesprächen veranlaßt, Priester Bernd Stöhr zu beurlauben.« Stereotyp dankt er ihm für alles im Geiste Christi Gewirkte. Nach herzlichen Grüßen folgt das Schlußgebet durch den Bezirksevangelisten. Kein weiteres Wort über den

Fall an die Gemeinde. Aus den Reaktionen vieler Gemeindemitglieder, aus späteren Gesprächen weiß ich, wie tief der Schock in der Gemeinde saß, auf diese Weise einen beliebten Priester zu verlieren. Aber nach bewährter Art löst man dieses Problem durch Schweigen, durch Verdrängen, durch Schauspiel.

Donnerstag, 11. Februar 1988

Heute erhalte ich unter dem Datum vom 10. Februar ein Schreiben des Apostels W.K.. In diesem Brief heißt es:

> Lieber Priester Dannwolf,
> bezugnehmend auf die Unterredung am 9.2.1988 zwischen Ihnen und Bischof D. sowie Bezirksältester B. teile ich Ihnen mein Befremden über Ihr unaufrichtiges Verhalten mit.
> Nachdem es mir in dieser Woche aus zeitlichen Gründen nicht mehr möglich ist, mit Ihnen zu sprechen, bitte ich Sie nach Rückkehr von meiner Afrikareise am Freitag, dem 4.3.1988, um 17.30 Uhr, um ein Gespräch in meinem Büro.

Freitag, 12. Februar 1988

Um 21.00 Uhr hole ich beim Vorsteher den Kirchenausweis für unseren Urlaub ab. Jedes Kirchenmitglied braucht diese »amtliche« Bestätigung der Mitgliedschaft als Berechtigung, beim Besuch einer auswärtigen Gemeinde am Abendmahl teilnehmen zu dürfen.

Der Vorsteher sucht bei dieser Gelegenheit das Gespräch mit mir, bittet mich, im Urlaub über alles Erlebte nachzudenken. Er sehe Parallelen meines Falles zu dem von Bernd Stöhr. Eine eindeutige Warnung. Er kommt auf meine Frage vom letzten Mittwoch nach dem gestörten Vertrauensverhältnis zurück: Er habe zu meiner Frage danach zwar nichts gesagt, aber nach weiterem Nachdenken müsse er heute sagen, sein Vertrauen sei gestört. Ich solle nicht Fehler an den Amtsträgern suchen, solle in der Predigt auch vom Überwinden und nicht nur von der Gnade Gottes sprechen. Wenn sich deshalb Geschwister beim Apostel über mich beschwerten, geschehe dies zu recht. Dazu seien sie schon durch die Richtlinien für Amtsträger aufgefordert.

Sonntag, 21. Februar 1988

Nach einem einwöchigen Urlaub sind wir heute wieder in unserer Heimatgemeinde im Gottesdienst. Ich werde, wie schon zuvor, nicht zur Mit-Predigt aufgerufen, obwohl längst überfällig. Das wird bis zum 6. März so bleiben.

Montag, 29. Februar 1988

Unter diesem Datum richte ich an den Apostel ein Schreiben auf seine »Einladung« vom 10.2.1988. Ich rede ihn mit »Lieber Apostel K.« an, was für mich schon ein großer Schritt ist, denn die Autoritäten spricht man üblicherweise nur mit »Lieber Apostel« oder der jeweiligen Amtsbezeichnung und ohne Namensnennung an. Ich schreibe:

> Ihr Schreiben vom 10.2.1988 habe ich erhalten.
> Anläßlich des von Ihnen in bezug genommenen Gesprächs am 9.2.1988 habe ich gegenüber dem Bischof und Bezirksältesten zu den mir vorgelegten Fragen und Vorwürfen Stellung bezogen und eine ausführliche Erklärung abgegeben. Die beiden Amtsträger brachten meinen Erläuterungen zur Aufklärung des Mißverständnisses weder Kritik noch Befremden entgegen, noch erklärten sie weitere Fragen als offenstehend. Um so mehr bin ich verwundert und bestürzt über Ihr Schreiben und das im ersten Satz vorgenommene Urteil. Unter Berufung auf allgemeingültige Gepflogenheiten, auch auf die Richtlinien für Amtsträger, hätte ich es für richtig gehalten, vor der Feststellung eines »unaufrichtigen Verhaltens« mit dem Betroffenen selbst zu sprechen, zumal Sie ja das Amt der Versöhnung[8] tragen.
> Ihren Gesprächswunsch werde ich dennoch berücksichtigen und betrachte die Unterredung auch als Chance, Ihnen die Zusammenhänge und Hintergründe der in Rede stehenden Vorwürfe aus meiner Sicht darzulegen. Ich gehe davon aus, daß das Gespräch unter vier Augen stattfinden wird und daß Sie bereit sind, Ihre Aussage zu korrigieren. Nur so kann meinerseits ein offe-

8. Bezeichnung des Apostelamts.

nes Gespräch zustande kommen. Sollten Sie dem nicht zustimmen können, darf ich Sie um vorherige Mitteilung bitten.

Dienstag, 1. März 1988 bis Freitag, 4. März 1988

Unterdessen brodelt die Gerüchteküche. Üble Verleumdungen werden über uns in Umlauf gesetzt. Von manchen wird das Feuer bewußt geschürt. Aus Nachbargemeinden und bei uns hört man: »Der nächste Kopf, der rollt, ist der Dannwolf.« Ausgesprochen wird dieser Satz von »Brüdern«, die sich bis vor kurzem noch zu unseren angeblich besten Freunden gezählt haben. Mit mir selbst suchen gerade diese aber nie ein offenes oder freundschaftliches Gespräch über die Situation.

Die erste »Inquisitionsverhandlung«

Freitag, 4. März 1988

Heute ist der »große« Tag. Erstes Gespräch mit W.K., Apostel der Neuapostolischen Kirche und zugleich leitender Mitarbeiter in der Hauptverwaltung. Ich traue meinen Augen nicht. Im Büro sitzt mein zuständiger Bezirksältester B.B. Ich zeige mich verwundert, hatte ich doch in meinem Schreiben vom 29. Februar sehr deutlich gesagt, daß ich auf einem Gespräch unter vier Augen bestehe. Kühl lächelnd erklärt mir Apostel W.K., er habe am 3. März einen Brief an mich abgesandt, in dem er mir die Anwesenheit des Bezirksältesten angekündigt habe. (Anmerkung: Der Brief wurde tatsächlich abgesandt, aber mit dem Aufkleber »Luftpost« versehen. Er ging am 5. März bei mir ein.)

Unbewußt offenbart der Apostel gleich mit seinem Eingangssatz die hinter der Gesprächsfassade stehenden Überlegungen: »Ich habe nicht das Ziel und es ist nicht Sinn des Gesprächs, Sie zu beurlauben.« Er sei im August 1987 in unserer Gemeinde zu Besuch gewesen und habe festgestellt, daß ich ihm gegenüber sehr kühl gewesen sei. Er habe mich nach dem Befinden meines Vaters gefragt. Meine Kühle und die Veränderung ihm gegenüber habe ihn auf dem ganzen

Heimweg beschäftigt. Er habe dies dann aber ad acta gelegt. Hierzu merke ich an, daß diese Aussagen außerordentlich schwer nachvollziehbar seien, weil der Apostel an dem besagten Tag erstmals zu uns kam und mich erst seit diesem Zeitpunkt bestenfalls mit Namen, aber nicht weitergehend gekannt haben konnte. Er erzählt weiter, er habe in jüngster Zeit von Amtsträgern und Geschwistern aus der Gemeinde gehört, daß es ein Spannungsverhältnis zwischen mir und den Amtsträgern sowie dem Vorsteher gebe. Ich hätte ein enges Verhältnis zu Priester Bernd Stöhr. Wir würden auf ein und derselben Wellenlänge predigen. Wir würden am Altar Gedanken aussprechen, die sich nicht mit der Lehre des Stammapostels decken könnten. Außerdem habe in jüngster Zeit ein Bezirksämter-Gottesdienst unter Leitung des Bischofs stattgefunden, an dem ich nicht anwesend gewesen sei. Der Bezirksälteste hätte den Vorsteher gefragt, wo ich gewesen sei. Dem Vorsteher hätte ich gesagt: Beim Arzt. Man wisse aber, daß ich beim Yoga-Abend gewesen sei. Damit hätte ich die Unwahrheit gesagt. Ein Amtsträger müsse sich abmelden und nicht erst nach einem Fehlen sich den Fragen stellen. Er wolle sich nun bemühen, das Vertrauen zwischen meinem Vorsteher und meinem Bezirksältesten und mir wieder herzustellen. Hinzu komme, daß ich beim Mitdienen im Januar in Zusammenhang mit der Beurlaubung von Priester Bernd Stöhr auf die biblische Prophezeihung verwiesen hätte, etliche würden ins Gefängnis geworfen.

An dieser Stelle greife ich in die Anklagerede des Apostels ein und erkläre, daß dieser Ausspruch unmöglich gefallen sein könne. Der Apostel wendet sich dem Bezirksältesten zu, der ihm weiterhilft: Ich hätte auf Josef und seine Brüder hingewiesen. Ich frage den Bezirksältesten: »Haben Sie meine Worte persönlich gehört?« Er verneint dies. Damit ist dieser Vorwurf erledigt. Er geht wohl auf verleumderische Aussagen von Denunzianten zurück.

Ich unterbreche W.K. und erinnere an meine Forderung nach einem Gespräch unter vier Augen. Der Apostel antwortet, er höre öfter diese Forderung, da scheine wohl eine Strategie dahinterzustecken. Damit offenbart er, daß er meinen Wunsch von Anfang an nicht respektieren wollte. Ich erkläre mich bereit, zur Besprechung der Yoga-Angelegenheit die Anwesenheit des Bezirksältesten zu akzeptieren. Er soll hören, was ich über ihn zu sagen habe. Ich verhehle nicht, daß ich des Themas inzwischen überdrüssig sei. Allerdings weise ich darauf hin, daß an diesem Beispiel sehr deutlich werde, welche unglaublichen Vorgänge in unserer Gemeinde im Gange seien. Meinen Vorwurf, er habe hinter meinem Rücken Informationen über mich gesammelt, bestreitet der Bezirksälteste sofort: Er habe nur mit dem Vorsteher gesprochen, um »dem Geheimnis auf die Spur zu kommen«. Ich werfe ihm Geheimdienst-Methoden vor. Mit mir offen zu sprechen, hätte er wohl nie für nötig gehalten. Ich sage ihm auch, es sei unwahr, wenn er behaupte, nur mit meinem Vorsteher gesprochen zu haben. Ich wisse schließlich von zwei oder drei Amtsträgern, die er auch angesprochen habe. Daraufhin wird er zurückhaltend und schweigt. Ich erkläre, daß ich zum Bezirksältesten auf dieser Basis kein Vertrauen mehr haben könne.

Zum nächsten Thema, den Beschwerden der Glaubensgeschwister und der Wiederherstellung des Vertrauens, frage ich nach Namen. Der Apostel weigert sich, Namen zu nennen, die Betreffenden seien jedoch aus meiner Gemeinde. Ich frage, warum diese Leute nicht hier am Tisch säßen, wenn es doch um deren Vertrauen ginge. Die Antwort: Auch das Vertrauen des Bezirksältesten müsse vorhanden sein, und der habe zugesagt, mit mir zu sprechen. Ich merke an, es gäbe auch viele Familien, die genau das Gegenteil bezeugen würden.

Dann wirft mir der Apostel vor, ich sei immer noch mit dem Ex-Priester Bernd Stöhr befreundet. Ich bestätige dies und erkläre ihm, ich sei auch in keiner Weise bereit, die lange bestehende Freundschaft aufzugeben, vielmehr würde ich sie weiter pflegen. Ich stelle ihm die Frage, ob für ihn das in der Neuapostolischen Kirche so oft gebrauchte Wort »Dein Bruder ist so gut wie du!« keine Geltung mehr habe. Ich frage weiter, ob die auch von ihm als Apostel repräsentierte und ausgesprochene Vergebung und Versöhnung in Einzelfällen nicht mehr gelte? Ich zitiere Jesus: »Richtet nicht, auf daß ihr nicht gerichtet werdet.« Darauf war zu diesem Punkt Funkstille.

Nach circa einer Stunde geht der Apostel zu reinen Fragen des Glaubens und der Verkündigung über. Jetzt ist endgültig der Moment, da ich auf dem Zweiergespräch bestehe, der Bezirksälteste habe hier nichts mehr mitzureden. Dennoch macht der Apostel wieder einen Versuch: Der Bezirksälteste sei trotz einer Krankheit hergekommen, er wolle ihn deshalb jetzt nicht wegschicken, dann könne eben das Gespräch nicht fortgesetzt werden. Ich betone, daß ein Scheitern des Gesprächs nicht in meiner Verantwortung liege, denn ich sei zur Fortsetzung bereit, allerdings ohne den Bezirksältesten. Nach längerem Nachdenken stimmt W.K. meiner Forderung zu, und der Bezirksälteste verläßt den Besprechungsraum.

Unter vier Augen führen wir das Gespräch weiter. Ich bringe ungeschönt meine grundsätzliche Kritik vor, zum Beispiel die Vergöttlichung der Amtsträger. Ich sei noch nie in einer Galerie gewesen, in der der Pinsel im Vordergrund gestanden hätte und nicht der Meister und sein Werk. Dies aber sei in der NAK der Fall. Der Apostel laut: »Was machen wir jetzt?« Seine Lösung: »Jetzt folgen Sie eben wieder Ihrem Vorsteher nach und suchen das Einssein mit ihm.« Meine Antwort: »Ich werde nur das Einssein mit dem Geist Gottes und mit der Lehre Jesu suchen, nicht mit meinem Vorsteher.«

Der Apostel weiß meinen Argumenten, Positionen und Bibel-Interpretationen nichts Substantielles entgegenzuhalten. In der Not meint er: »Es ist eben so, Jesus hat das Werk Gottes begonnen, die Apostel haben es nun zu vollenden.« Auch hierzu muß ihm sagen, daß in der Bibel davon keine Rede ist, daß es dort vielmehr von Jesus heißt: »Ich bin das A und das O, der Anfänger und Vollender, der Erste und der Letzte«. Betretenes Schweigen. Das Gespräch ist eine weitere große Enttäuschung für mich, weil es mir zeigt, wie wenig Bibelkenntnis und geistige Substanz der »Gesandte Jesu« aufweist.

Samstag, 5. März 1988

Der Vorsteher meiner Gemeinde ruft an. Er teilt mir mit, er freue sich über die Mitteilung des Bezirksältesten, die er soeben bekommen habe. In meinem Fall sei jetzt alles geklärt, und ich solle wieder voll mitarbeiten. Nächsten Sonntagmorgen werde er mich aber noch nicht berücksichtigen, da alles noch sehr frisch sei. Ich dämpfe seine Freude etwas, als ich ihm eröffne, vor meiner nächsten Mitarbeit wolle ich ihm zuerst mal ausführlich über mein Gespräch mit dem Apostel berichten.

Freitag, 11. März 1988

Am Abend gehe ich zum Vorsteher meiner Gemeinde, einem Hirten. Gleich zu Beginn erklärt er mir, er wisse inhaltlich nichts von meinem Gespräch mit dem Apostel, kenne nur das Ergebnis.

Ich informiere ihn umfassend über den Gesprächsverlauf. Während meines Berichts verfinstert sich seine Miene zunehmend. Er macht einen sehr betroffenen Eindruck und tut mir eigentlich leid. Aber ich muß ihm sagen, was ich auch dem Apostel erklärt habe: Ich kann meinen Glauben nicht wechseln wie das Hemd, kann nicht mehr meinem Vorsteher zu Gefallen predigen, und ich kann und werde auch künftig trotz aller Maßregelungen, Verweise und Ausgrenzungen nicht anders reden und denken als zuvor. Der Hirte erläutert mir seine Betroffenheit in diesem – nochmal sei es betont – überhaupt ersten Gespräch mit mir: Wir, also mein Freund Bernd und ich, seien früher so »im Segen gestanden«. Seit drei Jahren würde er eine Veränderung feststellen. Sein größter Schlag sei das Mitdienen von Bernd in dem Gottesdienst am Buß- und Bettag vor drei Jahren gewesen, als dieser mit einem Schlag alles zunichte gemacht hätte, was er (der Hirte) zuvor gesagt habe. Er müsse feststellen, daß wir beide unter dem Einfluß fremder Geistesmächte stünden. Was wir sagen, sei ja zwar alles richtig, aber es käme nicht »von oben«, also nicht von den Glaubensvorangängern. Er vermute einen Einfluß des abgesetzten Apostels aus W. Dieser Verdacht sei naheliegend, da man an verschiedenen Orten immer wieder diesselben Gedanken hören würde und dies im Umkreis von 100 km. Vermutlich gebe es da einen Rundbrief.

Dann kommt der Hirte zur Sache: »Mit allen, die abgefallen sind, hat es bald ein schnelles Ende gefunden.« Er erzählt einige mir seit meiner Kindheit immer wieder berichteten erschreckenden Beispiele, vor allem aus der Schweiz und aus Südafrika (die Wahrheit zu diesen Beispielen sollte ich erst viel später erfahren). Ich gab keinen Kommentar.

Ich unterstreiche nochmals, welche unglaublichen Vorgänge unter Amtsträgern, die »Amtsbrüder« sein wollten, sichtbar würden, wenn sie wie in unserer Gemeinde in solcher Weise gegeneinander intrigierten und sich denunzierten, ohne daß der Betroffene jemals eine Chance erhalte. Beim Abschied sagt er mir, daß er sich eigentlich alles viel lieber im Einssein vorstelle.

Sonntag, 13. März 1988

Im Gottesdienst am Vormittag werde ich erstmals wieder zum Mitpredigen aufgefordert. Einige meiner schärfsten Gegner sind sichtbar verärgert darüber. Aber auch solche Brüder und Schwestern, die mir bis vor einigen Monaten noch sehr freundschaftlich verbunden waren und mit viel Sympathie begegneten.

Überwachung durch »Glaubensgeschwister«

Sonntag, 10. April 1988

Nach zweiwöchigem Urlaub über die Osterzeit werde ich am Vormittag zum Mitdienen aufgerufen. Die Gemeinde singt zum Gottesdienstbeginn ein Lied, in dem es heißt: »Er kennet seine Scharen am Glauben, der nicht schaut, und doch dem Unsichtbaren, als seh' er ihn vertraut ...« Dazu erkläre ich, Jesus brauche keine Stellvertreter auf der Erde in Menschengestalt, unser Glaube müsse weiter, bis zum Unsichtbaren gehen. Nach dem Gottesdienst kommt ein Priester zu mir, der mir über viele Jahre freundschaftlich verbunden schien, und belehrt mich: »Aber, mein Lieber, Jesus hat sich immer vertreten lassen. Mach dir mal Gedanken.« In einer kurzen Auseinandersetzung weise ich ihn darauf hin, daß nach biblischer Lehre ausschließlich der Heilige Geist eine vertretungsähnliche Rolle einnehme.

Sonntag, 24. April 1988

Im Vormittagsgottesdienst werde ich zum Mitdienen aufgefordert. Nach dem Nachmittagsgottesdienst spricht mich der Hirte an: Geschwister hätten sich bei ihm beschwert, wenn sie mich hörten, könne man meinen, wir seien evangelisch. Der Grund: »Du sprichst fast nur von den biblischen Grundlagen und erwähnst unsere heutigen Apostel nicht.«

Montag, 2. Mai 1988 und Donnerstag, 5. Mai 1988

An beiden Abenden mache ich Besuche bei Familien, die ich in dem mir zugeteilten Bezirk zu betreuen habe. Zu beiden Familien hatte ich bis zu diesen Vorgängen ein sehr gutes Verhältnis. Sie schienen mich zu schätzen und erklärten immer wieder, sich auf jeden neuen Besuch zu freuen. Aber jetzt ist alles anders.

Der Besuch am Montag bei einem Ehepaar verläuft sehr hart. Früher waren gerade diese Leute immer auf Harmonie und Einssein bedacht. Jetzt scheinen sie durch befreundete Amtsträger aufgehetzt zu sein. Sie erzählen mir, bis zur Beurlaubung von Priester Bernd Stöhr hätten sie nichts von den Vorgängen geahnt und gespürt und seien danach »aus allen Wolken gefallen« und äußerst verunsichert. Ich nehme kein Blatt mehr vor den Mund und rede klar und offen über die Lügenkampagnen gegen Bernd Stöhr und mich. Über mich selbst äußern sie sich verunsichert, weil ich der Meinung sei, Jesus brauche keinen Stellvertreter in Menschengestalt auf der Erde und weil ich die lebenden Apostel nicht permanent erwähne.

Der Donnerstagabend in der zweiten Familie verläuft etwas ruhiger. Erst am Ende fragt man mich unter Bezug auf die aktuellen Probleme: »Haben wir geschlafen oder schlafen wir? Wir wurden gewarnt. Und bei der Beurlaubung von Bernd Stöhr wurde uns gesagt, dies sei erst der Anfang. Was ist los?«

In beiden Fällen kann ich die aktuellen Ereignisse etwas aufklären. Ich versuche dies, ohne irgend jemanden anzugreifen oder in Frage zu stellen. Schon jetzt offenbart sich, was sich in der weiteren Entwicklung noch deutlicher zeigen wird: Die bisherige völlige Annahme meiner Funktion als Priester verwandelt sich in Ablehnung, Akzeptanz wird ersetzt durch Distanz, und jedes Wort und alles Handeln wird mißtrauisch beäugt. Ich spreche hier bewußt von Funktion, denn in dieser Phase wird mir klar, daß ich in den Gesprächen und Begegnungen mit diesen Menschen nicht als Mensch betrachtet und angenommen wurde, sondern bestenfalls als Funktionär. Jetzt, wo dies in Frage gestellt wird, wo durch Denunziation und Inquisition alles stärker, als ich vermute, auf Verlust dieser Funktion oder dieses Amtes hinausläuft, wo sich die Aktionen der NAK und ihrer gehorsamen Mitglieder immer heftiger gegen mich richten, ist mit der Hinwendung zu mir und Annahme meiner Persönlichkeit Schluß.

Sonntag, 8. Mai 1988

Am Vormittag findet ein großer Gottesdienst für Amtsträger und ihre Ehefrauen statt, der vom Bezirksapostel gehalten und durch Bild und Ton übertragen wird.

Im Gottesdienst am Nachmittag in unserer Gemeinde werde ich wieder aufgerufen. Eine geschickte Gelegenheit zu überprüfen, ob ich in »evangelischer Manier« wieder nur von der biblischen Lehre spreche oder, wie bei solchen Anlässen erwartet wird, nach Art eines Tonbandes ausschließlich die Aussagen der Apostel vom Vormittag zitiere. Ich nehme den Part an und zitiere mehrfach die Predigten vom Vormittag, aber nur die Stellen, die annäherungsweise mit den biblischen Grundlagen vereinbar sind.

Montag, 9. Mai 1988

Bei einem Besuch bei einer Glaubensschwester erzählt mir diese, sie sei wegen des für sie zuständigen Priesters, also wegen mir, bedauert und auch mehrfach gewarnt worden. Auch hier zeigt sich, daß trotz der scheinbaren Freundschaft, ja selbst trotz einer teilweise außerordentlich kritischen Haltung dieser Frau den Amtsträgern und Glaubensgeschwistern gegenüber, die persönliche Verbundenheit auf dem Altar der Institution und des Systemdenkens geopfert wird.

Freitag, 13. Mai 1988

Zwischenzeitlich ist uns zu Ohren gekommen, daß in der Umgebung von Stuttgart weitere aktive und im Ruhestand befindliche Amtsträger um ihrer Glaubenshaltung willen innerhalb ihrer Gemeinden und von der Kirchenleitung mit außerordentlicher Vehemenz bekämpft werden. Das Bestreben dieser umstrittenen Männer war dasselbe wie unseres, nämlich ein Wahr- und Ernstnehmen der biblischen Glaubensgrundlagen, insbesondere der Lehre Christi, und eine vorsichtige Korrektur dessen, was die Kirche daraus gemacht hat. Am Abend des 13. Mai treffen Bernd Stöhr und ich uns erstmals mit den uns zunächst bekannten drei Verfolgten.

Sonntag, 15. Mai 1988

Am Freitag vor diesem Sonntag und am Montag danach habe ich offiziell noch Urlaub. Deshalb darf ich nach den strengen Regeln meiner Kirche auch an diesem Sonntag Urlaub machen und in eine auswärtige Gemeinde gehen. Wir fahren mit zwei anderen »Ketzerfamilien« aus Stuttgart nach Hessen, besuchen dort einen Gottesdienst und führen am Nachmittag ein sehr langes und sehr erfreuliches Gespräch mit dem Ex-Apostel aus W., der im Januar 1985 unter massivem Druck der obersten internationalen Kirchenleitung in Zürich, aber auch der Amtskollegen in den Nachbarbezirken seines Amtes enthoben wurde. Es handelt sich um den Apostel, zu dem mir Kontakte vorgeworfen wurden, ohne daß ich ihn bisher persönlich gekannt hatte. Allein das, was dieser Mann und seine Ehefrau, die wir bei dem Gespräch ebenfalls kennenlernen konnten, an persönlichen Verfolgungen, Verleumdungen, die bis zum Rufmord gingen, nahezu geheimdienstlicher Überwachung und Kontrolle erlebt hatten – und noch erleben müssen –, würde Bücher füllen. Es muß reiner Psychoterror gewesen sein. Dieser ehemalige Apostel wurde durch seine früheren engsten »Amts-Kollegen«, die mit ihrem eigenen Sendungsanspruch eigentlich der Gnade und Liebe verpflichtet wären, vor weltliche Gerichte gebracht. Man scheute nicht vor Manövern zurück, die ich nur als menschenverachtend bewerten kann. Und dies nicht nur lange Zeit vor, sondern auch noch nach der Amtsenthebung. Ähnliche Maßnahmen und Methoden werden auf viele Amtsträger in Hessen und darüber hinaus angewandt, die sich zu diesem Mann hielten und ihre Freundschaft nicht aufgaben. Die Kirchenleitung nahm in Kauf, daß ganze Kirchen geschlossen werden mußten, ganze Gemeinden total gespalten, ja sogar Familien zertrennt wurden. Sie ließ sich auch von ihrem einmal eingeschlagenen Inquisitionsweg nicht abhalten, als der Richter, vor den die Kirche den Ex-Apostel gezerrt hatte, der Kirchenleitung die Einstellung des Verfahrens empfahl. Entscheidend für die Kirchenführer war eine möglichst effektive Zerschlagung der sich um diesen Apostel bildenden Gruppe von Gleichgesinnten und seit langem mit ihm Verbundenen.

Freitag, 27. Mai 1988

Am Abend treffen Bernd Stöhr und ich erstmals einen prominenten Kirchenkritiker aus einer kleinen Nachbargemeinde, von dessen Existenz wir erst wenige Wochen zuvor erfahren hatten. Dieser Glaubensbruder, der kein Kirchenamt trug, aber große Weisheit und großen Mut besaß, wurde von den früheren Stammaposteln offenkundig als Prophet anerkannt und bis 1975 als enger Berater geschätzt.

Der seit 1975 amtierende Stammapostel und damit – treu ergeben – auch die Bezirksführung für Württemberg lehnte hingegen den Mann und seine Ratschläge völlig ab, bekämpfte und desavouierte ihn. Und dies, obwohl er selbst und seine Ausarbeitungen dieselben geblieben waren wie vorher. Auch ihm ging es um die Rückführung der Kirche auf die Basis der ursprünglichen Lehre Christi.

Redeverbot

Sonntag, 5. Juni 1988

Der Vormittagsgottesdienst wird vom Bezirksältesten gehalten. Nach dem Vorsteher ruft er mich zum Mitpredigen auf. Es ist derselbe Testlauf wie schon im Januar, eine Überprüfung meiner geistigen Haltung.

Nach dem Gottesdienst beobachtet der Bezirksälteste, wie Bernd Stöhr mit Glaubensgeschwistern ein Gespräch führt. Wenige Tage später wird er Bernd anrufen, um ihn aufgrund dieser Beobachtung aufzufordern, Gespräche mit anderen Gemeindemitgliedern künftig zu unterlassen.

Sonntag, 12. Juni 1988

Am Nachmittag wäre ich an der Reihe, den Gottesdienst zu halten. Jedoch, wie schon Anfang des Jahres praktiziert, werde ich in bewährter Manier ausgeklinkt. Ich bin deshalb nicht beleidigt, zumal mir das Halten eines Gottesdienstes in dieser Situation eine außerordentliche Belastung wäre. Aber ich merke, daß schon wieder etwas hinter meinem Rücken im Gange ist.

Sonntag, 19. Juni 1988

Am Vormittag werde ich wieder zur Mitarbeit im Gottesdienst aufgerufen. Eine frühere Freundin benimmt sich während meiner Predigt bewußt störend. Der nach mir sprechende Priester, ebenfalls ein »enger Freund« vergangener Zeiten, schießt voll gegen mich.

Montag, 20. Juni 1988

Abends besuche ich eine Familie. Man erzählt mir, der Vorsteher habe Anfang dieses Jahres gesagt: »Es gibt falsche Geistesströmungen im Werk Gottes, die bis in unsere Gemeinde reichen. Darum bleibt schön auf der Linie.«

Mittwoch, 27. Juli 1988

Nach dem Sommerurlaub werde ich im Abendgottesdienst erstmals wieder zum »Mitdienen« aufgerufen. Das dem Gottesdienst zugrundeliegende Bibelwort handelt vom Heiligen Geist. Ich greife in meiner Mitarbeit einen Ausschnitt aus einem vom Kirchenchor gesungenen Lied auf: »Ach was nützen alle Gaben, fehlte deines Geistes Kraft ...« Nach dem Gottesdienst spricht mich ein Priester an, der ebenfalls über viele Jahre ein (scheinbarer) Freund war, mit dem ich aufgewachsen bin und mit dem ich auch in meinen Amtsfunktionen in der NAK eng zusammengearbeitet hatte: Ich hätte mit dem erwähnten Zitat ihn und andere verunsichert, weil er den Eindruck gewonnen habe, ich wolle ihm und anderen »des Geistes Kraft« absprechen. Er habe das Gefühl, ich wolle die anderen korrigieren. Ich müsse mir aber bewußt sein, daß ich mich im Geist der Kirchenleitung zu äußern habe. Ich entgegne ihm, daß wir doch wohl versuchen müßten, im Geiste Christi zu reden.

Montag, 1. August 1988

Am Abend treffe ich mit dem mir zugeteilten Diakon zusammen. Schon seit einiger Zeit hatte er fadenscheinige Ausreden, wenn ich ihn bat, mich zu Besuchen bei Familien zu begleiten. Nun fand er vor wenigen Tagen den Mut, mich um ein »Gespräch unter vier Augen vor jedem weiteren Tätigwerden« zu bitten. Sein vorrangiges Anliegen in diesem Gespräch ist es zu fragen: »Wie stehst du zum Stammapostel und zu den Aposteln?« Ich erkläre ihm ausführlich meine Haltung.

Mittwoch, 3. August 1988

In S. lebt ein im Ruhestand befindlicher und kritisch eingestellter Bezirksamtsträger. Wir haben uns in den letzten Monaten hin und wieder zu Gesprächen getroffen, im verborgenen. Dieser Mann wird vom Vorsteher einer unserer Nachbargemeinden gebeten, mit Bernd und mir keinen Umgang mehr zu pflegen.

Sonntag, 14. August 1988

Im Gottesdienst am Nachmittag werde ich wieder zum Predigtdienst aufgefordert. In den Gottesdiensten zuvor wurde versucht, unsere Gemeinde »keimfrei« zu halten, indem ich in andere, kleine Gemeinden zur Mitarbeit geschickt wurde, wozu ja die Urlaubszeit und damit die dortige Personalknappheit eine gute Begründung gaben. Am Abend bin ich im Nachbarort M. bei einem Treffen einiger »Abweichler« aus Hessen mit den »Ketzern« aus Stuttgart und Umgebung.

Observation

Montag, 22. August 1988

Bei einem Besuch erzählt ein mir gewogenes Mitglied, Beobachter hätten berichtet, daß unsere Freunde an einem bestimmten Abend vor unserem Urlaub lange bei uns gewesen seien. Das Auto sei beobachtet worden. Außerdem habe bei der Kirchenreinigung eine Glaubensschwester gefragt, was ich als ihr Priester beim letzten Besuch gesagt habe.

Seit einigen Wochen häufen sich ungeklärte Telefonanrufe, bei denen der Hörer nur wieder aufgelegt wird, und ähnliche Belästigungen. Alles spricht dafür, daß man über uns eine Umgebungsstudie anfertigt, wie dies in Geheimdienstkreisen genannt wird und üblich ist. Alles, was wir tun, was wir reden, mit wem wir sprechen und zusammenkommen, auch was wir nicht tun und sagen, wird aufmerksamst registriert und kontrolliert.

Dienstag, 23. August 1988

Ich rufe unseren Vorsteher an und bitte ihn um einen baldigen Besuch bei uns. Er sagt mir, der Bezirksälteste hätte ohnehin einen Besuch machen wollen. Welch eine Überraschung. Hätte er mir dies auch gesagt, wenn ich nicht angerufen hätte? Ich fordere den Hirten auf, allein zu uns zu kommen.

Donnerstag, 25. August 1988

Der Vorsteher besucht uns entsprechend meiner Bitte allein. Das Gespräch dauert zwei Stunden. Ich fordere ihn zum offenen Gespräch über die Situation in der Gemeinde auf und erkläre ihm meinen Standpunkt und meine Glaubensauffassungen. Ich mache ihm klar, daß ich das Versteckspiel nicht mehr mitmachen könne.

Sonntag, 28. August 1988

Ich kann psychisch und physisch fast nicht mehr. Im Nachmittagsgottesdienst werde ich zum Mitdienen aufgefordert. Erstmals erkläre ich öffentlich vor der Gemeinde, daß man mich der Irrlehre bezichtige, daß ich mich aber lediglich um die Suche nach der Wahrheit auf der Grundlage unseres christlichen Glaubens bemühe. Ich kann nicht mehr anders, als dies öffentlich zu erklären. Das Entsetzen in der Gemeinde ist groß. Aber nicht etwa darüber, daß es diese Auseinandersetzungen gibt, sondern darüber, daß ich sie erstmals offen an- und ausspreche.

Das zweite »Inquisitionsgespräch«

Donnerstag, 1. September 1988

Der Bezirksapostel schreibt:

> ... aus gegebenem Anlaß bitte ich Sie, zu einem Gespräch betreffend Ihrer Amtstätigkeit am Freitag, den 2.9.1988, 19.00 Uhr, zu

mir in mein Büro ... zu kommen. Ihren Bezirksältester B., der Ihnen einen Familienbesuch für diesen Tag zugesagt hat, habe ich inzwischen verständigt. Mit herzlichem Gruß, Ihr ...

Freitag, 2. September 1988

Am Nachmittag ruft mich der Verwaltungsleiter der NAK Württemberg im Büro an und teilt mir mit, es könne nicht zu einem Gespräch unter vier Augen, wie von mir gefordert, kommen. Vielmehr nähmen neben dem Bezirksapostel auch der Apostel W.K. und der Bezirksälteste B.B. teil. Ich erkläre ihm, daß ich dann ebenfalls auf der Anwesenheit von zwei Begleitern bestehen müsse. Ich bitte meine Frau und meinen Schwiegervater um Begleitung, um Zeugen für meine Rede zu haben.

Der Bezirksapostel eröffnet das Gespräch: Amtsträger und Glaubensgeschwister hätten sich über mich beschwert. Er müsse mich deshalb fragen, wo mein Problem im Glauben liege. Es lägen schriftliche Zeugnisse vor, daß ich meinen Freund Bernd Stöhr, der seit Januar beurlaubt sei, während des Gottesdienstes anlächeln würde. Außerdem lägen Informationen vor, daß ich Umgang mit Amtsträgern hätte, die mit dem suspendierten Apostel in W. sympathisieren würden. Es gehe auch darum, daß ich die Apostel zu wenig in meiner Predigt erwähne. Ich erläutere hierzu, daß ich hin und wieder ein Wort des Apostels zitiere, ohne aber seinen Namen zu nennen, weil es mir auf den Inhalt ankomme.

Der Bezirksapostel erzählt weiter, Glaubensgeschwister hätten sich mündlich und schriftlich über meine Predigt beschwert. Er müsse mich deshalb fragen: »Wie stehen Sie zu den Aposteln und den jeweiligen Trägern dieses Amtes?« Ich berichte zunächst über die jüngsten Ereignisse in unserer Gemeinde, vor allem über die Haß- und Hetzkampagnen vorwiegend von priesterlichen Ämtern und die Betätigung von Spitzeln. Der Bezirksapostel und der Apostel fragen aufgeregt: »Wollen Sie behaupten, wir hätten hierzu Aufträge gegeben?« Ich verweise auf die Tatsachen. Nach Geheimdienstmanier, so berichte ich, würden offenkundig sogenannte Umgebungsstudien angefertigt, mit denen analysiert werde, mit wem wir wann und wie oft und wie lange Umgang hätten. Ich verweise auf Zeugen für diese Vorgänge. Dann berichte ich, daß ich am Sonntag, den 28.8., am Altar erstmals öffentlich erklärt habe, daß man mich der Irrlehre bezichtige, ich jedoch nur bestrebt sei, auf der Grundlage der wahren Jesu- und Apostellehre zu stehen und zu lehren. Ich berichte, die Reaktion des Vorstehers auf diese öffentliche Erklärung sei – zumindest mir persönlich gegenüber – positiv gewesen; er habe es für gut geheißen, daß ich dies gesagt und damit manchen den Wind aus den Segeln genommen hätte. Gleichzeitig sei allerdings die Reaktion von anderen Amtsträgern in der Gemeinde völlig gegenläufig gewesen: Ein Priester habe im Kreis der Gemeindejugend getobt, er werde Himmel und Hölle in Bewegung setzen, um dem ein Ende zu machen. Andere Priester und Diakone hätten mit dem Vorsteher aufgebracht über meine Worte diskutiert.

Der Bezirksapostel zitiert aus den ihm vorliegenden Beschwerdebriefen. Ich weise alles mit Entschiedenheit zurück, weil es falsch, verkürzt und sinnentstellend ist. Es ist bloße Verleumdung und üble Nachrede. Der Apostel zu meinen Erläuterungen und Klarstellungen mit Häme: »Ich weise Ihre Anschuldigungen zurück.« Ich frage ihn, ob er auch gegenüber diesen Briefeschreibern die gegen mich erhobenen Anschuldigungen zurückgewiesen habe. Er meint: »Diese Seelen haben sich nur aus Sorge um ihre Seele an mich gewandt, das ist ihr gutes Recht.«

Sie insistieren weiter: Letzten Sonntag hätte ich davon gesprochen, daß der Grund und die Basis der Kirche verschoben worden sei. Auf mein Hinterfragen, was ich da genau gesagt haben soll, schaut der Bezirksapostel den Bezirksältesten an und meint: »Sie wissen da mehr.« Dieser berichtet, er hätte letzten Sonntag nach dem Gottesdienst »zufällig« den Vorsteher getroffen. Der hätte ihm erzählt, ich hätte von einer Verschiebung des Grundes »oder so ähnlich« gesprochen. Dies hätte die Geschwister verunsichert. Ich greife ein: »Ich kann da weiterhelfen, ich weiß selbst wohl am besten, was ich gesagt habe. Zunächst wundere ich mich aber sehr, daß mein Vorsteher so geredet hat. Denn in einer Diskussion nach dem Gottesdienst gab er mir recht und begrüßte, was ich gesagt habe.«

Nach dem Vorhalt weiterer Zitate kann ich mich nicht mehr zurückhalten und bezeichne die Briefeschreiber als Verleumder und Rufmörder. Ich bezeichne es als schlimm, daß die Kirchenleitung ihre Meinung und Haltung mir gegenüber von solchen Leuten bestimmen lasse. Mich selbst hätte sie nicht gehört, sondern folge nur diesen Verleumdern.

Darauf wissen die großen Führer nichts zu sagen. Deshalb kommen sie zu der Sache, die sie offenkundig von Anfang angesteuert haben: Der Bezirksapostel erklärt mir, er habe aus meinen Äußerungen den Eindruck, daß ich in Verbindung mit dem 1985 in W. suspendierten Apostel stünde. »Daher frage ich Sie: Haben Sie Verbindung mit W.?« Meine Antwort: »Ich wurde zu einem Gespräch über meine Amtstätigkeit eingeladen. Da tut diese Frage nichts zur Sache.« Der Bezirksapostel: »O doch, diese Frage hängt eng damit zusammen.« Ich: »Ich kann dies nicht erkennen und verweigere daher die Aussage.« Der Bezirksapostel: »Aha, Sie verweigern. Das ist Antwort genug. Also ist es doch so. Sage mir, mit wem du umgehst, und ich sage dir, wer du bist.« Ich weise diese Interpretation zurück. Der Bezirksapostel betont, der Apostel aus W. hätte sich vom Stammapostel gelöst. Es gäbe von ihm Rundbriefe, und er müsse mich fragen: »Gehen bei Ihnen solche Briefe ständig ein und aus? Haben Sie solche Briefe gelesen?« Ich antworte, ich würde in meiner Amtstätigkeit niemanden kopieren. Was ich höre und lese, müsse sich am Maßstab der Lehre Jesu messen lassen. Ich sähe meine Aufgabe als Seelsorger und Amtsträger darin, mich an dieser grundlegenden Lehre auszurichten und sie zu verkündigen. Zu seiner Frage sage ich ihm: »Bei mir gehen nicht ständig Briefe aus W. ein und aus.« Diese Antwort war offensichtlich unbefriedigend für ihn, deshalb wendet er sich an meine Frau: »Haben Sie Briefe gelesen?« Knallharte Verhörmethode. Meine Frau bejaht, sie hätte solche Briefe gelesen; nach unserem Eindruck sei der Inhalt jedoch in vollem Umfang mit der Lehre Jesu in Übereinstimmung. Der Bezirksapostel daraufhin: »Das ist ja gerade das süße Gift!«

Ich ergänze die Aussage meiner Frau. Für mich sei der Inhalt, nicht die äußere Form oder der Briefkopf maßgeblich. Die beiden Apostel versuchen dann, den von ihnen als »von Gott abgefallen« bezeichneten Apostel aus W. nach allen Regeln der Kunst schlechtzumachen. Sie bezichtigen ihn der Straftaten, nämlich der Unterschlagung und des Betrugs. Es interessiert sie nicht, daß ich über andere Informationen verfüge. Ich solle das Vertrauen zu »meinem« Apostel darin beweisen, daß ich mich mit Fragen über W. in Zukunft ausschließlich an ihn wende. Als ich das Angebot annehme und sofort um nähere Informationen bitte, will dieser aber einen späteren Termin vereinbaren. Ein Angebot von ihm kam dann allerdings nie.

Das Gespräch endet um 22.15 Uhr mit einem Gebet und dem Vorlesen eines Bibelwortes aus Jesaja 17, Verse 12-14 und mit dem Hinweis, ich möge jetzt wieder in der Jesu- und Apostellehre und im Einssein weiterarbeiten.

Freitag, 9. September 1988

Zu der am Abend routinemäßig stattfindenden örtlichen Ämterversammlung erscheint überraschend der Bezirksälteste. Er sei aus besonderem Anlaß in unserer Gemeinde, da es hier Spannungen gebe. Der Bezirksapostel habe ihn beauftragt, heute hier einiges zu sagen. Vor wenigen Tagen habe ein Gespräch mit mir stattgefunden, an dem er teilgenommen habe. Ich hätte in diesem Gespräch dem Bezirksapostel bestätigt, daß ich in der Jesu- und Apostellehre stehen, wirken, lehren und leben wolle. So berichtet er. Die »Sache« ruhe jetzt in der Hand des Bezirksapostels. Dieser entscheide über die Amtsgabe, da aus ihm auch die Gaben und Kräfte für Amtsträger kämen. Deshalb müsse auch er allein entscheiden über Beurlaubung und Amtsenthebung.

Hetzjagd auf Freunde

Freitag, 24. September 1988 und Samstag, 25. September 1988

Am letzten Sonntag fand nachmittags im Nachbarort A. eine Versammlung von Amtsträgern aus Hessen, Saarland, Nordrhein-Westfalen und Württemberg statt. Sie alle, so ca. 70 bis 80 Männer, waren wegen ihrer »Irrlehre« oder wegen ihrer Freundschaft mit Irrlehrern und auch einfach wegen ihres kritischen Hinterfragens und ihrer Verweigerung von Menschenvergötterung vom Amt suspendiert und teilweise von der Kirche exkommuniziert worden. Das Treffen diente dem Kennenlernen; hier sollten auch Fragen der Zukunft gemeinsam besprochen werden. Die Kirchenleitung hatte durch Spitzel von diesem Treffen erfahren.

Am Freitagabend nun erhält mein Freund R., Diakon in unserer Gemeinde, einen Anruf des Bezirksevangelisten, der ihn fragt, ob er am Sonntagnachmittag bei dieser Veranstaltung gewesen sei. R. fragt zurück, von wem er den Auftrag zur Ermittlung erhalten habe. Der Bezirksevangelist gibt keine Antwort. R. kann die Frage nicht beantworten, weil er von dem Treffen gar nichts wußte.

Ebenfalls am Freitagabend ruft der Bezirksevangelist meinen Freund Heinz an, erreicht ihn aber nicht. Am Samstag ruft Heinz, ebenfalls Diakon in unserer Gemeinde, zurück. Der Bezirksevangelist sagt ihm, die Frage habe sich erledigt. Heinz besteht allerdings darauf zu erfahren, um was es geht. Der Bezirksevangelist lehnt ein weiteres Gespräch darüber ab, er habe schließlich lediglich einen Auftrag gehabt und zwischen sie beide solle nichts treten. Heinz bittet um sofortigen Besuch. Der Bezirksevangelist lehnt ab, er habe keine Zeit und keinen Terminkalender bei sich.

Am Sonntag nach dem Gottesdienst kommt spontan der Gemeindevorsteher zu Heinz, nimmt ihn in den Arm und sagt ihm: »Du hast mein volles Vertrauen.« Er habe erst gestern die Geschichte erfahren. Ob er denn etwas wisse von dem Treffen oder von dem Apostel in W. Geschwister hätten an die Kirchenleitung nach Stuttgart geschrieben, er und R. hätten am Sonntag im Gottesdienst gefehlt. Deshalb bestehe die Vermutung, daß beide in A. gewesen seien. Außerdem wird er vom Vorsteher und vom Bezirksevangelisten darauf angesprochen, man habe beobachtet, daß er mit Bernd Stöhr und mir gesprochen habe. Heinz erklärt dem Vorsteher, daß er so nicht weitermache. Er werde auch weiterhin reden, mit wem er wolle. Er erinnert den Vorsteher an das in NAK-Kreisen vielfach und hohl zitierte Wort: »Dein Bruder ist so gut wie du.«

Sonntag, 25. September 1988

Am Nachmittag spricht mich nach dem Gottesdienst eine Jugendfreundin an und fragt, ob das echt und ehrlich von mir gemeint gewesen sei, was ich in dem Gespräch mit den Aposteln gesagt hätte. Sie würde mich dann genauso unterstützen, wie sie mich vorher bekämpft habe. Als ich mich aber weigere, ihre Pauschalinformationen, deren Inhalt ich nicht kenne, einfach zu bestätigen, beendet sie das Gespräch abrupt mit dem Hinweis, ich hätte mich offensichtlich doch nicht geändert.

Mittwoch, 2. November 1988

Heute abend hält Apostel W.K. in unserer Gemeinde einen Gottesdienst. Er spricht darin überwiegend von Irrlehre-Verkündigern und von den Pfeilen Satans. Wer von diesen Pfeilen getroffen werde, der werde mit dem Teufel verbannt. Wer in die Höhle des Löwen gehe, müsse sich nicht wundern, wenn er dort gefressen werde. Das sind unverhohlene Drohungen. Die Hatz wird wieder eröffnet – durch den Apostel.

Samstag, 12. November 1988

Ein mir bekannter und inzwischen befreundeter Priester aus einer Nachbarstadt erhält ein Schreiben, in dem ihm Hausverbot in allen Kirchen in Württemberg und Bayern sowie ein generelles Verbot der Teilnahme am Abendmahl erteilt wird. Die Verfehlungen dieses Priesters: Bemühung um wahrhaftige Lehre im Sinn und Geist christlicher Grundlagen und der Lehre von Jesus,'keine Menschenvergötterung, Predigt von Gnade und Liebe, kritisches Hinterfragen von geistlichen und organisatorischen Fehlentwicklungen in der Neuapostolischen Kirche.

Sonntag, 27. November bis Sonntag, 11. Dezember 1988

Die Lage spitzt sich zu. Es häufen sich solche Aussagen in Predigten: Der Vorsteher fordert dazu auf, das Vertrauen in das Wort der Amtsträger nicht zerstören zu lassen. Der Stammapostel hat gesagt, Zweifel zu haben heiße, Gott als Lügner zu bezeichnen. Dies wäre dann der Fall, wenn man das Wort der Amtsträger als dem Mund Gottes bezweifeln oder kritisieren würde. In einem weiteren Gottesdienst sagt der Vorsteher, es gebe viele, die das Vertrauen in das Wort der Amtsträger nehmen wollten. Wir könnten heute aber nur von dem durch die Knechte Gottes gewirkten Wort Gottes leben.

Ein Priester, den ich früher einen Freund wähnte, erzählt wiederholt über die »Rotte Korah«, die sich im alten Volk Israel gegen Moses aufgelehnt hatte und dann von der Erde verschlungen worden war.

Auch heute gebe es solche Aufrührer, die das Wort des Stammapostels und der Apostel ablehnen und sagen würden: »Der Herr redet durch alle.« Auch sie würden dasselbe Schicksal erleiden.

In einer weiteren Predigt sagt ein Priester, daß wir alles, was vom Altar in der Verkündigung kommt, aufnehmen müßten. Es sei nicht wie bei einer menschlichen Rede, bei der man zuerst prüfe, was man hört, ob man es auch glauben könne. Im Werk Gottes sei es eine heilige Verpflichtung, das Wort der Verkündigung vom Altar gläubig aufzunehmen. Außerdem sei man früher darauf angewiesen gewesen, das Wort der Bibel auszulegen. Heute gebe es in der Neuapostolischen Kirche ein Amtsblatt, dessen Inhalt man predigen solle. Denn dieses sei das lebendige Wort Gottes.

»Ketzer« werden zum Schweigen gebracht

Donnerstag, 15. Dezember 1988

Am Morgen dieses Tages wird der Gemeindevorsteher einer Stuttgarter Gemeinde, ein Hirte, von Apostel W.K. in die dortige Kirche bestellt. In dem Gespräch wird ihm unterstellt, er habe Verbindung zu früheren, jetzt »abgefallenen« Amtsträgern und Mitgliedern, die teilweise mit Betretungsverboten für die Kirchen belegt worden waren. Diese Unterstellungen sind völlig aus der Luft gegriffen. Der Hirte hatte lediglich eine seit der Jugendzeit bestehende Freundschaft zu einem Bezirksältesten, der mit dem inzwischen exkommunizierten Apostel aus W. Verbindung aufgenommen hatte, aufrecht erhalten. Die Aufrechterhaltung dieser Freundschaft wird ihm nun vorgeworfen. An diesem 15. Dezember wird der Hirte mit Unterstellungen, Vermutungen und unhaltbaren Vorwürfen innerhalb von 20 Minuten brutal, kalt und rücksichtslos seines Amtes enthoben. Und dies nach fast 34jähriger Amtstätigkeit, in der er alle Zeit und Kraft für seine Aufgaben in der Neuapostolischen Kirche eingesetzt hat. Ein vorheriges Gespräch mit dem Apostel oder mit dem Bezirksapostel über die Vermutungen und Vorwürfe gab es nicht. Dieser Mann ist durch diese überfallartige und menschenverachtende Aktion so sehr betroffen, daß er, obwohl bis dahin aktiv und gesund im Berufsleben stehend, viele Monate in Krankenhäusern und Kur-Sanatorien wird verbringen müssen, oft dem Tode nahe. Der Gemeinde wird durch die Kirchenführung mitgeteilt, der Hirte sei zu einem Gegner des Werkes Gottes geworden.

Freitag, 16. Dezember 1988

Mit heutigem Datum richte ich ein Schreiben an Apostel W.K., in dem ich meine tiefe Erschütterung über den Vorgang der Amtsenthebung des Stuttgarter Hirten am gestrigen Vormittag zum Ausdruck bringe. Ich beziehe mich auf das Gespräch vom 4.3.1988, in dem er mir sein Vertrauen angeboten hatte, und schreibe ihm:

> ... Ich bitte Sie daher dringend, mir eine ausführliche Begründung der Amtsenthebung von Hirte M. zukommen zu lassen. Das Dienen von Hirte M. ist mir aus einigen Gottesdiensten bekannt, ... Die Gottesdienste, die wir von ihm erleben durften, bedeuteten für uns Tröstung, Kraft, Stärkung, Ehre Gottes. ...
> Das Evangelium Christi bewirkt keine Ausgrenzung, keine Verurteilung, keine Abwertung, kein Richten. Dies geschieht nur durch Kirchen. Sollte bei uns die Kirche und ihre Organisation und Macht im Vordergrund stehen, oder soll die Lehre Jesu und die Macht seiner Liebe Maßstab und Handlungsanleitung sein?

Ich bitte ihn, in einer schriftlichen Antwort die Maßnahmen auf der Grundlage der für die Kirche eigentlich geltenden und maßgeblichen Lehre Jesu zu begründen.

Die Antwort sollte ich mit Schreiben vom 27.12.1988 erhalten. Zuvor bedarf es wegen der Chronologie der sich überschlagenden und zuspitzenden Ereignisse aber noch einiger Zwischenstationen.

Sonntag, 18. Dezember 1988

Im Anschluß an den Gottesdienst am Vormittag wird ein vom Bezirksapostel am 15.12.1988 verfaßtes Schreiben (Aktenzeichen W 57/88) in allen Gemeinden der Apostelbezirke Württemberg und Bayern vorgelesen. Es trägt die Überschrift »Aktivitäten des früheren Apostels R. und seiner Anhänger«. Wegen des in der Neuapostolischen Kirche im Umgang mit kritischen Fragestellern gängigen Stils muß ich hier dieses Schreiben wörtlich zitieren:

Meine lieben Glaubensgeschwister,
in meiner Sorge, allen anvertrauten Gotteskindern als treuer Wächter, Hüter und Mahner zur Würdigkeit zu verhelfen, wende ich mich mit diesem Schreiben an Euch. Vorausschicken möchte ich die Ermahnung des Apostels Paulus, die auch in unserer Zeit hochaktuell ist: »Denn es wird eine Zeit sein, daß sie die heilsame Lehre nicht leiden werden; sondern nach ihren eigenen Lüsten werden sie sich selbst Lehrer aufladen, nach denen ihnen die Ohren jücken, und werden die Ohren von der Wahrheit wenden und sich zu den Fabeln kehren« (2 Timotheus 4, 3.4).
Der frühere Apostel R.[9], der seit Januar 1985 aus Gründen, die ausschließlich in seiner Person liegen, kein Apostel mehr ist, hat etliche Amtsträger und Glaubensgeschwister um sich geschart. Sein Vater, der im Ruhestand lebende Bezirksapostel R., distanziert sich nachdrücklich vom Verhalten seines Sohnes. Es ist nicht meine Aufgabe, auf die gravierenden Verfehlungen des Bruders R. einzugehen, die große Erschütterungen ausgelöst haben. Diese Personengruppe, die in jüngster Zeit auch Versammlungen im Großraum Stuttgart abgehalten hat, versucht nun vermehrt, Unruhe in unsere Reihen zu bringen. Im Gegensatz zu dem, was die Betreffenden während ihrer aktiven Dienstzeit als Amtsträger der Neuapostolischen Kirche gepredigt haben, versuchen sie nun – anhand aus dem Zusammenhang gerissener Bibelstellen –, glaubhaft zu machen, daß die gegenwärtig von unserem Stammapostel und den im Einssein um ihn gescharten Aposteln verkündigte Jesu- und Apostellehre nicht mehr mit den Ausführungen der Heiligen Schrift in Einklang zu bringen sei. Auch wird von ihnen bemängelt, in der Neuapostolischen Kirche fehle das Prophetenamt. Weiter wird von ihnen behauptet, ein Stammapostel sei nicht biblisch begründbar und nicht erforderlich.

9. Die Namen wurden in dem Schreiben genannt. Sie sind hier aus Datenschutzgründen nur mit dem Anfangsbuchstaben bzw. der Ortsangabe bezeichnet.

Bruder R. und seine Anhänger haben sich auch mit einem Glaubensbruder H., der sich als »Prophet« ausgibt, und weiteren Glaubensgeschwistern aus unseren Apostelbezirken verbunden. Leider vertritt inzwischen auch der Bezirksälteste i.R. St. aktiv deren aus der Sicht unseres Glaubens unhaltbare Auffassungen. Wiederholte Angebote zu einem persönlichen Gespräch hat er leider bis heute nicht angenommen. Durch das Abhalten von gottesdienstlichen Versammlungen am 26. November und 11. Dezember 1988, in welchen das Vertrauen gegen die Führung des Werkes Gottes untergraben und – im Zusammenwirken mit Bruder H.- fremdes Geistesgut in die Herzen neuapostolischer Christen ausgestreut wurde, unterstrich er seinen Standpunkt offenkundig.

Vermehrt mißbrauchen die Genannten ihre persönlichen Kontakte zu Glaubensgeschwistern, um diese vom Werke Gottes wegzuführen. Ich muß Euch deshalb vor den Aktivitäten dieser Gruppierung warnen. Nachdem Bezirksältester i.R. St. über viele Jahre hinweg segensreich im Bezirk F. gedient hat, verstehe ich, wenn auch Euch diese Nachricht im Innersten erschüttert.

Beachtet bitte, daß man sich Führern, die in geistiger Hinsicht blind geworden sind, nicht weiter anvertrauen darf. Bezüglich des sogenannten »Propheten« weise ich darauf hin, daß die gesamte Reichsgottesgeschichte von keinem wahrhaftigen Propheten Gottes berichtet, der sich selbst ernannt hat. Ich stelle ausdrücklich klar, daß keiner der vorgenannten Männer entsprechend beauftragt ist, innerhalb des Werkes Gottes tätig zu sein.

Da der Bezirksälteste i.R. St. und Bruder H. nunmehr eindeutig gegen das Werk Gottes arbeiten und gottesdienstliche Versammlungen ohne Auftrag veranstalten, mußte ich beiden schriftlich untersagen, am Heiligen Abendmahl teilzunehmen und unsere Kirchengebäude in den Apostelbezirken Württemberg und Bayern zu betreten. Selbstverständlich habe ich ihnen mitgeteilt, daß sie wieder zugelassen werden, sobald sie ihr schädliches Verhalten gegenüber der Neuapostolischen Kirche aufgegeben haben.

Hinzu kommt leider, daß auch der bisherige Vorsteher der Gemeinde S., Hirte M., am 15. Dezember 1988 von seinem Amt und Auftrag entbunden werden mußte. Der bisherige Hirte M. billigt die Einstellung und Aktivitäten der Vorgenannten und ist trotz eingehender Gespräche nicht gewillt, sich davon zu distanzieren.

Liebe Glaubensgeschwister und liebe Amtsträger, wir lassen uns durch die verwerfliche Arbeit dieser Männer nicht beirren, sondern bleiben beständig in der Apostellehre, in der Gemeinschaft, im Brotbrechen und im Gebet! Die fortschreitende Entwicklung des Werkes Gottes zeigt deutlich, daß der Herr zur göttlichen Führung im Stammapostel und den in der Treue um ihn gescharten Aposteln steht. Ich werde Euer ganz besonders gedenken. Selbstveständlich gilt meine Fürbitte auch denen, die sich leider haben blenden lassen.
In herzlichem Verbundensein mit unserem Stammapostel, dem diese Vorgänge auch Sorgen bereiten, grüßt Euer K.K.

Dieser Brief spricht für sich. Mit diesem Brief wurde Öl auf alle schon brennenden Scheiterhaufen gegossen, die lediglich vorbereiteten, aber noch nicht brennenden wurden damit angezündet. Nicht nur, daß mich Stil, Stilmittel, Formulierungen und Wortschatz an die Praxis des Nazi-Regimes oder der früheren DDR erinnern. Der Brief enthält auch eine nicht zu überbietende Fülle von Lügen, Verdrehungen, Verkürzungen und Manipulationen.

Dienstag, 20. Dezember 1988

Merkwürdigerweise gerade nach dem vergangenen Sonntag ruft um 18.30 Uhr der Bezirksälteste an und kündigt einen Familienbesuch für heute abend an. Merkwürdig ist das deshalb, weil dies nach 20-jähriger Amtszeit sein erster Familienbesuch bei uns überhaupt ist. Ich erkläre ihm, daß ich ihn wegen eines anderen Termins nicht empfangen könne. Er fordert mich auf, den anderen Termin zu verschieben. Ich lehne dieses Ansinnen ab.

Mittwoch, 28. Dezember 1988

Da ich auf mein Schreiben vom 16.12.1988 an Apostel W.K. noch keine Antwort erhalten habe und zwischenzeitlich mit dem öffentlichen Verlesen des Schreibens am 18.12. die Großaktion gegen Ketzer eingeleitet wurde, schreibe ich heute an den Bezirksapostel. Ich gebe ihm das Schreiben an den Apostel vom 16.12. zur Kenntnis und bitte ihn ebenfalls um schriftliche Stellungnahme. Weiter schreibe ich:

In Ihrem Schreiben vom 15.12.88 an die Gemeinden führten Sie ... aus: »Im Gegensatz zu dem, was die Betreffenden während ihrer aktiven Dienstzeit als Amtsträger der Neuapostolische Kirche gepredigt haben, versuchen sie nun – anhand aus dem Zusammenhang gerissenen Bibelstellen –, glaubhaft zu machen ...«. In den in unserem Gespräch am 2.9.1988 in Rede stehenden Briefen habe ich nirgendwo ein Bestätigung Ihrer Anschuldigung gefunden. ...
Ich bitte in diesem Zusammenhang auch Sie herzlich darum, das in Ihrem Schreiben an die Gemeinden vom 15.12.88 eingangs zitierte Pauluswort aus 2.Timotheus 4, 3.4, nicht aus dem Gesamtkontext herauszureißen, sondern im Lichte des gesamten 2. Briefes an Timotheus zu sehen.
Weiter möchte ich hierzu fragen: Werden gegen andere Amtsträger, die tatsächlich mit großer Vehemenz und unter Berufung auf Unterstützung von oben einzelne Textstellen aus der Heiligen Schrift teilweise völlig aus dem Zusammenhang herausgreifen, sie dann falsch, widersinnig, ja in einer abträglichen oder geradezu gefährlichen Weise interpretieren und darauf ihre Lehre aufbauen, ähnliche Aktionen gestartet? ...
Ich möchte auch offen und frei bekennen, daß ich beabsichtige, mich mit den in Ihrem Schreiben Beschuldigten in Verbindung zu setzen, um auch von ihnen um der Ausgewogenheit der Information wie auch um meines Glaubenslebens Willen Auskünfte zu erbitten.

Mit einem kurzen Begleitbrief schicke ich die Schreiben vom 16.12. und vom 28.12. auch an den Stammapostel als dem obersten Repräsentanten und Leiter der Kirche und bitte ihn um Stellungnahme. Ich weise ihn darauf hin, daß die bisherigen Schriftwechsel und öffentlichen Verlautbarungen keine einzige Frage hätten beantworten können, sondern neue aufgeworfen hätten.

Donnerstag, 29. Dezember 1988

Heute erhalte ich ein Schreiben des Apostels W.K. vom 27.12.1988, in dem er unter anderem ausführt:

Nunmehr darf ich wohl davon ausgehen, daß Sie sich als Priester in der Neuapostolischen Kirche von denen distanzieren, die mit

Ihrer einseitigen Vorabinformation bestimmte Absichten und Ziele verfolgt haben (vgl. Galater1, 6-9).
Haben Sie bitte Verständnis dafür, wenn ich die betreffenden Ausführungen in Ihrem Schreiben über Ihre Empfindungen in den Gottesdiensten, die der frühere Hirte M. durchführte, nicht werten möchte. Der Herr allein weiß, wie dieser gedient hat und was in ihm stand. Die Amtsentbindung ist ein schwerwiegender Vorgang, über den – nicht zuletzt im Interesse des Betreffenden – keine Details an Dritte weitergegeben werden. Mehr muß hierzu nicht gesagt werden.
Über die hohe Verantwortung eines Apostels Jesu bin ich hinreichend belehrt worden und mir auch bewußt. Hierzu hätte es keines weiteren Aufschlusses Ihrerseits bedurft.
Sicher ergibt sich in absehbarer Zeit die Gelegenheit, mit Ihnen ein Gespräch zu führen, in dem ich dann auch Ausführungen machen kann zu der verwerflichen Arbeit des Bruders R.

Der Abgesang

Freitag, 13. Januar 1989

Heute geht ein Schreiben des Stammapostels aus Zürich vom 6. Januar 1989 bei mir ein, bemerkenswerterweise mit der Anrede »Lieber Bruder«. Bemerkenswert ist dies deshalb, weil üblicherweise in der NAK, auch in meinem Falle, die Anrede immer mit der Amtsbezeichnung erfolgt. Ich schließe mit Fug und Recht, daß daraus schon der Ausgang meines Falles ersichtlich wird.

Er bestätigt den Erhalt meines Briefes vom 28. Dezember; dann schreibt er weiter:

Zu Ihren Fragen kann ich nur sagen: Glauben Sie wirklich allen Ernstes, daß Sie von mir eine Stellungnahme erhalten werden, nachdem Sie gleichzeitig eine von Bezirksapostel und Apostel K. angefordert haben, darin Sie die gleichen Punkte ins Feld führen? Die Antwort des Bezirksapostels sollte Ihnen genügen, wenn die apostolische Ordnung auch von Ihnen aufrechterhalten werden will.

Empfangen Sie meine besten Wünsche für Ihren zukünftigen Lebens- und Glaubensweg.
Mit herzlichen Grüßen, Ihr R.F.

Für mich ist dieser Brief vollends der geistige Offenbarungseid. Wenn in wichtigen, tiefgreifenden und entscheidenden Glaubensfragen das Oberhaupt der Kirche, nach eigenem Anpruch der oberste Knecht und alleinige Stellvertreter Gottes auf der Erde und im Besitz aller Wahrheit und Erkenntnis, eine solche Antwort gibt, ist dies nicht nur kleingeistig, erbärmlich, arrogant und unqualifiziert, es gibt vielmehr auch einen tiefen Blick in den geistigen Zustand des Gesamtklerus.

Am 13.1.1989 schreibt mir der Bezirksapostel, nachdem er sich eingehend mit dem Inhalt meiner Schreiben beschäftigt habe, sei er zu dem Entschluß gekommen, die angeschnittenen Punkte in einem persönlichen Gespräch zu erörtern. Wir vereinbaren einen Termin am 20. Januar 1989.

Freitag, 20. Januar 1989

Um 16.00 Uhr finde ich mich in Begleitung meiner Frau in der prunkvollen Verwaltungszentrale in Stuttgart-Degerloch zu einem Gespräch, das dann bis 19.30 Uhr dauert. Neben dem Bezirksapostel ist auch der Apostel W.K. anwesend.

Gleich zu Beginn fragt mich der Bezirksapostel, ob ich glaube, daß ein Prophetenamt erforderlich sei. Es entwickelt sich hierüber eine Auseinandersetzung, in der erschreckend deutlich wird, wie Führungspersonen der NAK biblische Berichte und geschichtliche Zusammenhänge manipulieren, verdrehen oder einfach nicht zur Kenntnis nehmen wollen. Dies geht so weit, daß sie behaupten, in der Urkirche habe es keine Propheten gegeben. Erst als ich auf die Berichte z.B. in der »Apostelgeschichte« verweise, gestehen sie dies zu, versuchen sich dann aber über das Argument herauszureden, dies seien nicht viele gewesen. Ich stelle dabei auch die Frage, wie ein Apostel nachweisen könne, daß er ein wahrer Gesandter Jesu sei. Die beiden Apostel anworten, dieser Nachweis erfolge durch den schriftlichen Gottesdienstbericht! Die beiden verwenden dann einige Zeit darauf, den aufgetretenen Propheten H. in Frage zu stellen. Sie bezichtigen ihn der Verbreitung von Unwahrheit, von falschen

Dokumenten, von falschen Behauptungen. Da ich mich zuvor selbst mit diesem Mann in Verbindung gesetzt und seine Archive, Dokumente und Nachweise eingehend eingesehen und überprüft hatte (gemeinsam mit Freunden), muß ich den Aposteln entgegenhalten, daß ich in ihren Anschuldigungen Versuche von Manipulationen, Verkürzungen und Verfälschungen sehen müsse, um diesen Mann zu diffamieren, zu diskreditieren und abzuwerten.

K.K. kommt dann auf mein Schreiben vom 28.12. zu sprechen. Die von mir angeführten Bibelzitate habe er gelesen. Man müsse sie natürlich im Zusammenhang lesen. Als Beispiel bringt er das von mir zitierte Wort aus Johannes 10, 27-29 und liest mir weitere Verse vor. Ein Eigentor, denn sie bestätigen nur meine Aussagen, daß Jesus nichts und niemand ausschließt. Beide Apostel verweisen weiter auf das Wort aus Galater 1, 6-9: »Mich wundert, daß ihr euch so bald abwenden lasset von dem, der euch berufen hat in die Gnade Christi, zu einem anderen Evangelium, so doch kein anderes ist, außer, daß etliche sind, die euch verwirren und wollen das Evangelium Christi verkehren. Aber so auch wir oder ein Engel vom Himmel euch würde das Evangelium predigen anders, denn das ihr empfangen habt, der sei verflucht! ...« Ich bemerke zu diesem Zitat, daß es ein sehr schönes und passendes Wort sei und alles noch in Ordnung sein könne, wenn man sich in der Neuapostolischen Kirche auch nur ansatzweise danach richten würde. Weil W.K. mich in seinem Brief vom 27.12. auf dieses Galater-Zitat hinwies, nutze ich jetzt die Gelegenheit, um ihn auch auf Vers 10 dieses Kapitels hinzuweisen, der lautet: »Predige ich denn jetzt Menschen oder Gott zu Dienst? Oder gedenke ich, Menschen gefällig zu sein? Wenn ich den Menschen noch gefällig wäre, so wäre ich Christi Knecht nicht.« Dies sei eine Bestätigung meiner Haltung, unterstreiche ich. Dem Bezirksapostel fällt dazu nur ein: »Wenn Paulus heute zu uns sprechen könnte, würde er sagen: Ihr macht es genau richtig.«

K.K. und W.K. fragen mich, warum ich mich eigentlich im Fall M. so sehr eingesetzt habe. Ich berichte von meinem Kenntnisstand zu diesem Fall, in dem es im übrigen die angeblichen intensiven Gespräche nicht gegeben habe. W.K. reagiert aufgebracht: »Alles Lüge, es gab Gespräche.« Ich frage: »Mit Ihnen?« W.K. kleinlaut, das Gespräch am 16.12. sei das einzige seinerseits gewesen. Die beiden Apostel erzählen, auch sie hätten viele schlaflose Nächte und müßten mich fragen, ob ich mich auch ebenso für sie einsetzte. Ich antworte: »Wenn Ihnen ebenso Ungerechtigkeit und Menschenverachtung widerfahren wäre, vermutlich ja. Aber Sie können sich doch nicht beklagen, Sie sind in Amt und Würden, täglich beten viele tausend Gläubige für Sie, in wöchentlich drei Gottesdiensten werden Sie verehrt. Hirte M. hingegen liegt durch Ihre Handlungsweise schwerkrank darnieder.« W.K. darauf verärgert: »Wollen Sie mich dafür verantwortlich machen?« Ich weise darauf hin, daß der Mann vorher bei Kräften und gesund war und diese Krankheit lediglich auf diese Aktion zurückzuführen sei. Ich bezeichne es als schlimmen Vorgang, daß die Arbeit dieses Mannes auch noch öffentlich als verwerflich bezeichnet worden sei. W.K. bestreitet dies. Ich zitiere daraufhin die Passage aus dem öffentlichen Rundschreiben vom 18. Dezember.

Zu dem Schreiben vom 18.12. meint der Bezirksapostel weiter, der Ausschluß von Abendmahl und Kirchenbesuch sei »zum Schutz der Schafe Christi erforderlich«. Man könne nicht zulassen, daß sich jemand gegen den Stammapostel wende und auch noch ein Prophetenamt befürworte.

Ich komme auf den ausgeschlossenen Apostel R. zu sprechen und halte dem Bezirksapostel vor, daß er mir im Gespräch im September erklärt habe, das »süße Gift« liege darin, daß die Briefe dieses Mannes Wahrheit aus christlicher Sicht enthalte. K.K. berichtet dann über dessen angebliche Unterschlagungen und Veruntreuungen. Ich kläre ihn aus meinem Kenntnisstand über den von der Kirche angestrengten Prozeß auf und meine, wenn ein Straftatbestand vorgelegen hätte, wäre ein Strafverfahren eröffnet worden. K.K. meint, dies habe die Kirche nicht gewollt. Wieder muß ich ihn korrigieren: Denn bei einem Offizialdelikt hätte ohne Zutun der Kirche die Staatsanwaltschaft ein Strafverfahren eröffnet. Ich kritisiere, daß die Kirche trotzdem diesen Mann öffentlich diffamiere und verurteile. Ich erinnere W.K. an seine Zusage vom September 1988, mir nähere Informationen über den »Fall« R. zu geben. W.K. lächelt nur. Der Bezirksapostel erklärt, er habe dem Apostel verboten, mit mir darüber zu sprechen und mir Informationen zu geben.

Weiter frage ich nach den Gründen für die massiven Fälschungen des sogenannten Testimoniums der englischen Apostel im Jahr 1932. In diesem Testimonium hatten die englischen Apostel versucht, die ganze Grundlage der christlichen Lehre und der Lehren der urchristlichen Apostel zu beschreiben. 1932 war sie durch den damaligen Stammapostel und dessen Sohn entscheidend verfälscht worden, um unliebsame Ämter abzuschaffen und den Aposteln uneingeschränkte Macht zu verleihen. Wieder keine Antwort.

Der Bezirksapostel fordert mich nach stundenlanger Verhandlung auf, meine Haltung jetzt eben noch mal zu überprüfen und im übrigen weiter meinen Dienst als Priester im Einssein zu verrichten. Ich erkläre, daß mir dieses unter den gegebenen Umständen nicht mehr möglich ist und übergebe ihm mein Rücktrittsschreiben vom 16. Januar 1989. Er bittet mich, dies ganz vorzulesen. Ich erkläre darin:

> Infolge der Entwicklungen im allgemeinen und der Situation in der Gemeinde K. im besonderen sehe ich mich außerstande, meinen Amtsauftrag in der NAK Gemeinde K. weiter auszuführen und stelle daher mein Amt zur Verfügung.

Auf sieben Seiten begründe ich meinen Schritt sowohl theologisch als auch in bezug auf die eingetretenen äußeren Entwicklungen und meine Erfahrungen. Mit einem Ausdruck des Bedauerns nimmt der Bezirksapostel den Rücktritt an.

Gegen den Willen von W.K. ist der Bezirksapostel bereit, unter meiner Mitwirkung den Text für die Bekanntgabe meines Rücktritts aufzusetzen. Als er uns zum Ausgang begleitet, gesteht er Fehler ein und meint, daß er heute manches anders mache würde. Als er sich mit Tränen in den Augen verabschiedet, vermittelt er uns den Eindruck, daß auch er nur ein Opfer des Systems geworden ist. Einen ganz gegenteiligen Eindruck macht der Sohn W.K. auf mich: ein eiskalter Mann, ein Amt ohne Seele.

Sonntag, 22. Januar 1989

Der Bezirksälteste kommt unangemeldet in unsere Gemeinde. Er hält einen Gottesdienst, in dem er nicht mit einem Wort auf die aktuellen Geschehnisse eingeht. Nach Ende des Gottesdienstes verliest er ein Schreiben im Auftrag des Bezirksapostels. Man wählt immer den einfacheren Weg, er enthebt davon, eigene Worte finden zu müssen. Das Schreiben an die Gemeinde hat diesen Wortlaut:

Liebe Brüder und Geschwister,
unser Priester Siegfried Dannwolf, der seit 13.9.1977 hier in der Gemeinde seinen Amtsauftrag als Priester ausübte, schrieb unserem Bezirksapostel, daß er aufgrund der hiesigen Situation sein Amt zur Verfügung stellen würde. Diesem seinem Begehren hat der Bezirksapostel in Gegenwart unseres Apostels am Freitag, dem 20.1.1989 stattgegeben. Bruder Siegfried Dannwolf läßt allen Geschwistern, die ihn durch ihre Gebete und Liebe gestützt haben, hiermit herzlich danken. Mit unserem Bezirksapostel, Apostel, Bischof und den Bezirksämtern danken aber auch wir Bruder Dannwolf für alles, was er im Sinn und Geist Christ an unseren Seelen liebend getan hat. Wir wünschen Bruder Dannwolf mit Familie bestmögliche Kräfte für Geist, Seele und Leib und daß am nahen Tag der ersten Auferstehung keines von uns fehlen, sondern wir alle auf ewig geborgen sind.

Eigene Worte findet der Bezirksälteste nicht.

Montag, 21. Februar 1989

Um 20.00 Uhr finden sogenannte Gemeindeabende statt, gottesdienstähnliche Veranstaltungen, die der Übermittlung neuer organisatorischer Maßnahmen oder neuer Kirchenvorschriften dienen. Bezirksapostel K. richtet nachstehendes Schreiben vom 13.2.1989 (Aktenzeichen W 10/89) an die Bezirksämter und Gemeindevorsteher und läßt dieses im Rahmen des Gemeindeabends verlesen:

Ausschlüsse aus der Neuapostolischen Kirche
(Mein Rundschreiben vom 15.12.1988)

Meine lieben Amtsträger und Glaubensgeschwister,
die in den letzten Wochen eingetretene Entwicklung macht es erforderlich, Euch in der leidigen Angelegenheit »H./R.« erneut zu informieren:
Bruder H. hat trotz Abmahnung seine verwerfliche Tätigkeit gegen das Werk Gottes fortgesetzt und neuerdings im Auftrag von Bruder R. einen ›Gottesdienst‹ (mit ›Freisprache‹ und Abendmahl) im Ältestenbezirk F. durchgeführt. Nach den Erfahrungen der letz-

ten Monate ist er im Sinne unseres Glaubens absolut unbelehrbar. In völliger Übereinstimmung mit unserem Stammapostel habe ich deshalb Bruder H. mit Schreiben vom 19.1.1989 aus der Neuapostolischen Kirche Württemberg, K.d.ö.R. ausgeschlossen. Sicher könnt Ihr mir nachfühlen, daß mir diese Entscheidung sehr schwergefallen ist, doch im Interesse des Werkes Gottes mußte so gehandelt werden.

Überdies teile ich Euch mit, daß Bruder R., der regelmäßig gottesdienstähnliche Versammlungen mit Abendmahl durchführt, vermehrt Unruhe in unsere Reihen trägt. Bezirksapostel S. sah sich deshalb gezwungen, ihn mit Schreiben vom 16.1.1989 aus der Neuapostolischen Kirche in Hessen, K.d.ö.R., auszuschließen.

Im weiteren gebe ich Euch Kenntnis, daß der ehemalige Bezirksälteste i.R. St., welcher in enger Verbindung mit den Vorgenannten aktiv tätig ist und in deren Versammlungen predigt, im Januar dieses Jahres seinen Austritt aus der Neuapostolischen Kirche erklärt hat.

Die Bitte unseres Stammapostels, wachsam zu sein, damit durch die Aktivitäten des R. und seiner Anhänger möglichst niemand mehr verführt wird, möchte ich besonders hervorheben. Wir bleiben auf dem Felsengrund der Jesu- und Apostellehre, zu der sich der Herr bis zur Stunde eindeutig bekannt hat. Das Ziel unseres Glaubens, der Tag der Wiederkunft unseres Seelenbräutigams Jesus Christus, steht unverrückbar vor uns. Dabei erinnern wir uns an die Worte aus Kolosser 2, 18.19.:

»Lasset euch niemand das Ziel verrücken, der nach eigener Wahl einhergeht in Demut und Geistlichkeit der Engel, davon er nie etwas gesehen hat, und ist ohne Ursache aufgeblasen in seinem fleischlichen Sinn und hält sich nicht an dem Haupt, aus welchem der ganze Leib durch Gelenke und Fugen Handreichung empfängt und zusammengehalten wird und also wächst zur göttlichen Größe.«

Dieses Kapitel trägt bezeichnenderweise die Überschrift »Wider die Irrlehrer«. In dem Glauben, »Die Rechte des Herrn behält den Sieg« (Psalm 118, 15) ...

Dieser Brief bedarf eigentlich keiner Kommentierung. Die Wortwahl spricht für sich. Der Brief gibt einen tiefen Einblick in die Denkweise, aber auch in die Kammer der psychologischen Kriegsführung und der »Folterinstrumente« der NAK. Mit Worten wie *»leidige Angelegenheit«* und *»verwerfliche Tätigkeit«* werden unliebsame Kritiker in eine bösartige Ecke gestellt. Wenn dann noch einer, wie der frühere Apostel R., *»vermehrt Unruhe in unsere Reihen trägt«* und zur Wachsamkeit aufgerufen werden muß, daß durch seine *»Aktivitäten«* und die seiner *»Anhänger möglichst niemand mehr verführt wird«*, dann wird damit bewußt in den Kirchenmitgliedern ein Feindbild aufgebaut: Der einzelne wird nicht mehr wagen, mit einem der »Anhänger« oder einem vermeintlichen Sympathisanten zu sprechen, sich mit dessen Gründen und Glaubensinhalten auseinanderzusetzen. Ja, jeder im eigenen Herzen aufsteigende kritische Gedanke zur NAK-Lehre wird unterdrückt, denn die Angst vor der Verführung geht um, und diese Angst wird sofort existenzbedrohend, denn wenn man nicht treu und eins mit den Glaubensvorangängern ist, wird man am *»Tag der Wiederkunft unseres Seelenbräutigams Jesus Christus, der unverrückbar vor uns steht«*, nicht dabei sein. Deshalb mußte dieses Schreiben am Ende auch noch diesen Tag in Erinnerung rufen; er ist das allgemeine Drohmittel, um potentielle Abweichler zurückzuholen. Er zwingt zur Linientreue.

Mittwoch, 15. März 1989

Unter diesem Datum schreibe ich noch abschließend einen Brief an die mir in meiner aktiven Zeit »anvertrauten Glaubensgeschwister«. Ich begründe meinen Schritt und gebe ihnen mein Rücktrittsschreiben vom 16.1.1989 zur Kenntnis. Unter anderem schreibe ich:

> Ich habe versucht, auf der Grundlage der wahren Jesulehre zu lehren. Dies ist leider nicht mehr möglich. Einige der Gründe meiner Entscheidung könnt Ihr den beigefügten Auszügen aus meinem Schreiben vom 16.1.1989 an den Bezirksapostel entnehmen.

Ich danke denen, die Böses wollten und ihre Aktivitäten gegen mich und andere entfalteten, weil sie gerade dadurch für meine persönliche Entwicklung das Gute bewirkten, und ich danke denen, die mich unterstützten. Ich bitte darum, wenn Gerüchte und Behauptungen gestreut würden, diese unmittelbar mit mir zu besprechen. Ich stünde jedem jederzeit für Gespräche und Auskünfte zur Verfügung. »Nur Aufrichtigkeit und Offenheit kann Mißtrauen, falsches Zeugnis und Verleumdungen unterbinden«, schreibe ich. Anrufe werden nie kommen. Die Angst vor geistiger Infektion, von den toten Ratten, die das Lebenswasser vergiften – wie es später ein Priester, ein früherer »Freund« formuliert –, ist zu groß.

Mein Weg danach

Eine Nachlese

Meine Erlebnisse und Erfahrungen spiegeln Erziehung und Leben in der Neuapostolischen Kirche wieder. Ich habe jedoch in den letzten Jahren in vielen Gesprächen die Erkenntnis gewonnen, daß in anderen Sekten die Situation ähnlich ist. Ich meine insbesondere die Erfahrung der totalen Außensteuerung und Fremdbestimmung, der totalen Gesinnungskontrolle, der Abhängigkeit, der Unfähigkeit zu leben und die eigene Individualität zu entdecken – die Erfahrung, daß andere Menschen Macht über das eigene Leben ausüben und das von Gott geschenkte individuelle Leben nehmen.

Ich habe in meiner Zeit in der Neuapostolischen Kirche erlebt, wie Menschen in ihr und durch sie zu Marionetten, zu Abbildern, zu systemgerechten Masken zurechtgebogen wurden. Sie mußten sein oder werden wie ihre Vorbilder, die konkret gar nicht zu fassen sind. Also jagte man Phantomen nach. Ich wußte nie genau, wie ich werden sollte. Ich wußte nur, so wie ich war, durfte ich nicht bleiben. Eins aber sollte auf keinen Fall eintreten: Selbständigkeit und Eigenverantwortlichkeit in Denken und Handeln, in Theorie und Praxis des Glaubens und Lebens.

Angesichts der extremen Enge und Verblendung, der kurzen Leine, an der die »Schafe« der NAK geführt werden, der Installation mächtiger Kontrollsysteme von außen und vor allem von innen, der Angst und Existenzbedrohung kann ich Gott nicht genug dafür danken, daß mir der Weg aus dieser geistigen Gefangenschaft möglich war. Ich sehe und kenne sehr viele NAK-Mitglieder, die über die Inhaltslosigkeit und Leere der Lehre jammern, die ihre Zweifel an den Wahrheitsansprüchen der NAK nicht mehr untergraben können, die alle denkbaren Endzeitaussagen und -erwartungen heranziehen, um an der Richtigkeit ihres Weges nicht völlig zu verzweifeln, die sich vor lauter Last und Bedrückung nur noch nach der »Heimholung« sehnen. Aber sie haben weder Mut noch Kraft, die notwendigen Schritte zu tun. Sie wirken wie gelähmt, wie durch unsichtbare Seile und Netze festgehalten. Ihnen ist kein Vorwurf zu machen. Sie sind bedauernswerte Opfer des Systems der Unterdrückung und der Angst.

Es ist fast eine logische Konsequenz, daß aus solchen Opfern Täter werden müssen, insbesondere wenn jemand die tief in ihnen sitzenden Zweifel, Unsicherheiten und Ängste offen ausspricht und so das mühsam gezimmerte Gebäude der Schein-Sicherheit, die wakkelige Glaubenskonstruktion gefährdet, das fast perfekt entwickelte System der Verdrängung eigener Gedanken und Gefühle antastet. Dadurch gerät das den Menschen Sicherheit gebende äußere Zwangssystem in Gefahr. Dagegen müssen sie sich wehren. Denn ohne diesen Halt drohen sie in ein tiefes, dunkles Loch zu stürzen. Sie haben ja nie gelernt, auf sich zu vertrauen, selbst-sicher zu sein, Eigenverantwortung zu tragen, einen Schritt ins Ungewisse zu tun in der Sicherheit und Gewißheit der Führung Gottes. Fast zwangsläufig also werden sie zu Tätern, um ihre Scheinwelt gegen den fremden Geist, den vermeintlichen Angreifer, der ihnen etwas wegnehmen könnte, den Ketzer zu verteidigen.

Ich bedaure diese Täter, die eigentlich nur tragische Opfer sind. Ich bin ihnen dankbar. Ohne die Tritte und Schläge, ohne das »Brennen der Scheiterhaufen« wäre ich heute nicht das, was ich bin, hätte ich nicht diese Entwicklung genommen, hätte nicht diese unmittelbare Versöhnung zwischen Gott und Mensch erfahren und erlebt. Ich wäre den Weg nicht gegangen und von der NAK nicht losgekommen. Denn von den Eckpunkten der Lehre war ich auch in meiner kritischen Phase anfänglich noch überzeugt und dachte, durch innere Reform und Rückführung der Lehre auf den Ursprung etwas Positives bewirken zu können. Inzwischen ging mein Weg auch darüber hinweg. Aber damals hatte ich Angst, mich von dieser Kirche zu lösen. Zuviel Drohung hatte sich eingegraben, und daraus wuchs Angst vor Vernichtung, vor Strafe Gottes, vor dem »heilsamen Erschrecken«.

Wie es weiterging? Eine Zeitlang hielt ich Kontakt zu dem früheren Apostel R. Er hatte als Apostel auf Drängen des Propheten H., zu dem wir ebenfalls engen Kontakt hatten, eine Gemeinde gegründet, die »Apostolische Gemeinde Wiesbaden e.V.«. Dort fand ich, wie berichtet, geistige Substanz, Lehre und Erkenntnis. Die Gottesdienste waren erbaulich, nicht dogmatisch, nicht eingegrenzt, hatten Tiefgang. Vor allem standen Jesus und Gott im Mittelpunkt, nicht Menschen. Diese Gemeinde half mir zunächst, das entstandene Loch zu überbrücken.

Bald aber stellten sich auch dort NAK-ähnliche Tendenzen ein, wenn auch nicht so extrem. Ich wurde erneut nachdenklich. Ich merkte: Mein Weg muß weitergehen, ich darf jetzt nicht in dieser neuen Gruppe stehenbleiben, wieder ein Glaubensgebäude um mich herum errichten, mich wieder einsperren lassen.

Als außerordentliche Hilfe empfand ich die Gespräche mit meinen noch verbliebenen, nun aber echten Freunden. Oft haben wir nächtelang über alles diskutiert und unsere Erfahrungen reflektiert. Wir haben gelesen, geforscht, gesucht, gefunden und uns ausgetauscht. Es war nicht nur eine sehr fruchtbare Zeit, es war eine Zeit, in der ich in wenigen Monaten mehr über mein neuapostolisches Glaubensleben, aber auch mehr über das Christentum im allgemeinen erfuhr, als in den 38 Jahren zuvor. Schritt für Schritt fielen alle Ansprüche, Begründungen und Bedeutungsinhalte unseres neuapostolischen Glaubens in sich zusammen, ganz einfach weil wir erkannten, daß sie vor dem Hintergrund biblischer Zusammenhänge und historischer Entwicklungen nicht standhielten. Über alle Ängste, Zweifel, Sorgen, Zukunftserwartungen konnten wir reden. Das machte auch die Seele frei. Ich faßte Vertrauen zu mir, zu Gott, zu Freunden, in den Lauf des Lebens und der Welt.

Ich hatte viel durchlebt und durchlitten und war psychisch und physisch am Ende. Mein Arzt schickte mich zu einem Kuraufenthalt – sechs Wochen, die mir außerordentlich gut taten. Ich konnte nicht nur zu mir kommen, ich lernte auch wunderbare Menschen kennen. Die Welt, die Religion, der Glaube, die Gotteserfahrung öffneten sich mir neu. Der dem Käfig entkommene Vogel mußte fliegen lernen, mußte sich selbst Nahrung suchen, mußte sein eigenes Lied, mußte Freunde finden. Es war nicht leicht, aber schön. Der Vogel fand – und findet immer mehr.

Aber der Weg war hart. Es war wirklich wie ein Scheiterhaufen, der über lange Zeit hinweg Tag und Nacht brannte. Es war schmerzhaft zu sehen, wenn die eigenen Kinder nicht mehr zu Kindergeburtstagen ihrer Freunde eingeladen werden und sie fragen, warum dies so ist. Ebenso bitter war es zu beobachten, wie meine Eltern geächtet und gemieden wurden, nur weil ihr Sohn anfing, sich selbständig Gedanken zu machen. Und weil sie ihn – aus eigener Erkenntnis – ein Stück des Weges begleiteten und Ungerechtigkeiten nicht unterstützten. Selbst engste Freunde, die meinen Eltern sehr zugetan gewesen waren, brachen schlagartig alle Verbindungen zu ihnen ab.

Seit damals wurden und werden wir von sogenannten »Glaubensgeschwistern« nicht mehr gegrüßt. Selbst solche, für die ich in Wahrnehmung meines Amtsauftrages erhebliche Kräfte und viel Zeit eingesetzt habe, kennen mich heute nicht mehr und müssen bei meinem Anblick eiligst die Straßenseite wechseln. Vielleicht haben sie noch ein gnädiges Kopfnicken übrig.

Als im Jahr 1993 unser Sohn konfirmiert werden wollte, fanden wir bei den Pfarrern der evangelischen Kirche unserer Stadt eine offene Tür. Wir konnten mit ihnen wunderbare Gespräche führen, was unseren Erkenntnisprozeß weiter förderte. Groß war die Enttäuschung unseres Sohnes, als ihm einer seiner Lieblingsonkel, ein Diakon in der NAK, schriftlich die Einladung zum Fest wie folgt beantwortete: »Konfirmation, sprich: Glaubensüberzeugung zu Jesus – ohne das Apostelamt – möchtest Du verantwortlich übernehmen und Deine Eltern Dir übergeben. Dazu können wir Dir nicht gratulieren noch ein Fest daraus machen. Deine Vorfahren hatten die Gnade zu erkennen, daß die christliche Lehre einzig im Apostelamt zu finden ist und sind diesen Weg ... bis zum Tod gegangen, und wir wollen diesen Weg bis ans Ziel weitergehen ...« Unser Sohn war sehr enttäuscht, wir auch. Trotz zweimaliger schriftlicher Aufforderung waren diese Leute bisher nicht zu einem Gespräch mit uns bereit. Wir haben es verkraftet.

Diese Spaltungen durch die Familie, die Ablehnung durch ehemalige »Freunde«, die Ausgrenzungen aus dem bisherigen sozialen Umfeld waren schmerzlich. Das Schwierigste nach dem Ausstieg aber war die Erkenntnis, daß mein inneres Gerüst, das mich über die Jahre hinweg gehalten hatte, zusammengebrochen war. Erlebnisse wie die Inquisition hatten hinweggefegt, was mir unbewußt mein Leben lang Sicherheit, Halt, Perspektive, Zukunftshoffnung gegeben hatte. Wo sollte ich Halt, wo den Sinn meines Lebens finden? Die bisherigen Luftschlösser lösten sich auf, je mehr sich die Nebel lichteten. Hatte ich mich bisher mit Amt und Beruf identifiziert, so begann jetzt die Suche nach meiner wirklichen Identität.

Bei dieser Suche nach einer Neu-Orientierung tritt bei vielen Menschen der sogenannten Drehtür-Effekt ein. Sie werden aus einer Organisation heraus und unverzüglich in eine neue Umklammerung hineingeschleudert. Deshalb haben gerade in den Gebieten des ehemaligen Ostblocks Sekten einen erheblichen Zulauf. Deshalb sind aber auch inzwischen über 80 Abspaltungen der NAK in Gestalt von neuen Glaubensgemeinschaften entstanden.

Ähnliche Gefahren waren auch bei mir vorhanden. Aber Gott sei Dank waren dies nur Durchgangsstationen, die notwendig waren, um meine Not wirklich zu wenden. Einmal neugierig geworden – und mißtrauisch gegenüber allen Wahrheits- und Alleinseligmachungsansprüchen –, begann die Suche interessant zu werden. Ich entdeckte, wie wundervoll es ist, seinen individuellen Weg zu suchen und festzustellen: Der Weg entsteht beim Gehen, der Weg ist das Ziel. Meine Wahrhaftigkeit, mich selbst, Gott in mir, kann ich nur auf meinem ureigenen und unverwechselbaren Weg finden.

Erst nach einem langen und schmerzhaften Prozeß habe ich festgestellt, daß kein Mensch die Befugnis oder gar das Recht oder Anspruch darauf hat, das mir allein von Gott geschenkte Leben zu steuern, zu manipulieren, zu bestimmen, zu beurteilen und zu bewerten. Dieser Weg ist nicht leicht. Das läßt sich nicht beschönigen. Er ist viel schwerer als mein Weg in der NAK, wo ich nur nichtsdenkend, möglichst nichtsfühlend, nichtsfragend und blind »nachgefolgt« bin. Aber dieser schwerere Weg ist unendlich viel schöner, erfahrungsreicher, farbiger, interessanter und voll von wirklicher Gotteserfahrung.

Ich habe aber auch die Erkenntnis gewonnen, daß meine Wahrheit eben nur die meine ist und so jeder seine ihm ureigene Wahrheit hat. Es ist faszinierend, welche Farbenpracht und Vielfalt in der Natur sichtbar wird. Sollte ausgerechnet beim Menschen alles gleichförmig gemacht werden, so lange geschliffen, manipuliert, verändert werden, bis keine Unterschiede mehr vorhanden sind, bis *ein* Sinnen, Trachten, Streben, Sein sichtbar wird?

Seit mein Weg so verläuft, erlebe ich tiefere Tiefen und höhere Höhen. Endlich nehme ich das Leben wahr, das ich besitze. Meine Hauptaufgabe besteht nicht mehr darin, das Leben abzulehnen und mich von der Erde fort zu sehnen, sondern das Leben als Gottesgabe anzunehmen und Verantwortung zu übernehmen. Es ist ein wundervolles Gefühl, wirklich selbstverantwortlich sein zu können und eigene Stärke entwickeln zu können. Jetzt weiß ich, was es heißt, auch innerlich aus den Kinderschuhen herauszuwachsen, in denen man nur fragt: Was soll, was darf ich tun, bin ich lieb und brav? Endlich erwachsen werden – und sich dennoch als Kind Gottes fühlen. Aber nicht mehr in Angst vor dem strafenden, zurechtweisenden, immer beobachtenden Vatergott, sondern im Bewußtsein von Güte und Gnade. Es gibt mir unendlich freie Luft zum Atmen, wenn ich weiß, ich werde nicht mehr bewertet, be- und verurteilt, sondern ich werde angenommen, wenn ich nur einfach der bin, der ich bin.

Auf diesem Wege habe ich meine Religion gefunden. Der Begriff »Religion« kommt ja von »religio« und heißt eigentlich »Rückbindung zum Ursprung«. Diese Rückbindung zu meinem Ursprung kann jetzt stattfinden, und damit geht mein Weg erstmals in meinem Leben wirklich über die Brücke, die Jesus bauen wollte, zurück zu Gott. Ihn finde ich nicht in leblosen Ämtern und Hierarchien, nicht in Institutionen und Organisationen, sondern in mir, um mich, über mir.

Es ist eine wundervolle Erfahrung zu erleben, wie ganz unterschiedliche Menschen verschiedenster Herkunft ähnliche Wege gehen, ähnliche Erkenntnisse und Erfahrungen sammeln. Nicht nur die Freunde, die gleich mir aus der NAK herauskatapultiert wurden, sondern Menschen mit allen denkbaren Religionen, Herkunftsorten, Lebensgeschichten. Ich habe echte Freunde gefunden, es sind neue Begleiter hinzugekommen, und ich bin dankbar dafür.

Freilich wird es weiterhin viele geben, die mich und alle »Abgefallenen« brandmarken, verurteilen, voller Mißtrauen beäugen. Dieses Buch wird eine Welle von Haß und Verachtung gegen mich auslösen, offen oder verdeckt. Man wird die Kirchenmitglieder warnen, dieses Machwerk zu lesen oder auch nur anzurühren. Man wird es mit allen Regeln der Inquisition zerfetzen und abwerten. Der Autor wird als Musterfall dargestellt werden, wie aus einem Freund ein Feind Gottes wird, wie tief einer fallen kann, den Gott hoch gestellt hatte, wenn er nicht treu bleibt. Man wird ein Beispiel haben für die in vielen Predigten dargestellten vier Stufen des Abfalls, zuerst Zweifel, dann Unglaube, dann Verhärtung, schließlich Verstockung. Man wird sich aber auch damit trösten, daß ich dem ewigen Verderben, der ewigen Verdammnis Gottes anheimfalle und ein höchst bedauernswertes, weil verlorenes Geschöpf bin. Man wird vielleicht aber auch nur auf leisen Sohlen vor diesem Gedankengut warnen, denn in den Herzen der Mitglieder genügen kleine Anstöße, etwa ein inniges Gebet für den Gotteslästerer und eine Bitte um Bewahrung vor dem tödlichen Gift.

Verleumdungen, üble Nachreden, Lächerlichmachen sind beliebte Mittel, die »Herde Christi« davor zu schützen, sich mit Geistesgut von Kritikern zu befassen. Beliebte Gerüchte sind beispielsweise: Sie strebten nach höheren Ämtern und bekamen sie nicht, oder: Sie haben sich an etwas geärgert und wurden damit nicht fertig. So will man vermeiden, sich inhaltlich mit angeblichen Abweichungen und Irrlehren auseinandersetzen zu müssen.

Seit wenigen Jahren befassen sich auch die Medien verstärkt mit dem, was hinter den schönen Fassaden der Neuapostolischen Kirche geschieht. Nachdem sich die Berichte in Presse, Hörfunk und Fernsehen häuften, sah sich die Führung der NAK nun innerhalb kurzer Frist schon zweimal zu Stellungnahmen in der Kirchenzeitschrift »Unsere Familie« und in Gottesdiensten des Stammapostels veranlaßt. Durch Manipulation von Informationen, durch falsche Unterstellungen und durch wortreiche Erklärungen, die an der eigentlichen Problematik vorbeigehen, versucht man eine Abwehrhaltung gegen Kritiker und deren Argumente und ein Feindbild aufzubauen. In Predigten versucht der Stammapostel subtil und oft in schlimmen Farben auszumalen, was den Kritikern oder »Besserwissern« droht, vom »nur« Unglücklichsein bis zur Vernichtung.

Dies ist der Nährboden für Bedrohungen, auch körperlicher Art, gegen Aussteiger oder auch gegen Journalisten, die sich mit dem Thema befassen. Als ich mit meiner Frau einen Gottesdienst des Stammapostels, in dem dieser eine Stellungnahme gegen Berichte über Aussteiger abgab, besuchen wollte, wurden wir schon auf dem Parkplatz vor der Kirche abgefangen und energisch zurückgewiesen. Schlimmer noch: Meiner Schwester mit ihrer körperbehinderten Tochter, die wir an diesem Tag besuchten, wurde der Zutritt mit dem Argument erschwert: »Sie sind selbst schuld, daß Sie so einen Bruder haben!« In der Entschuldigung, die der Vorsteher dieser Gemeinde mir nach meinem Beschwerdebrief wohl auf Anweisung »von oben« zukommen ließ, begründete er das Verhalten damit, daß mein Erscheinen wegen meiner »Angriffe auf die NAK« Aufregung ausgelöst habe und die »Glaubensgeschwister nicht in ihrem Gottesdiensterleben gestört« werden sollten. Mein Gesicht war durch mehrere Fernsehsendungen, zu denen ich eingeladen war, mein Name aus verschiedenen Hörfunksendungen und Presseberichten bekannt.

Im Laufe der Jahre nach meinem Ausstieg haben sich immer mehr Menschen in ähnlicher Situation an uns gewandt. Wir waren zunächst der Meinung, unsere Erfahrungen seien typisch auf unsere Gemeinde zugeschnitten. Nun mußten wir feststellen, daß überall, in welcher Gegend und unter welchem Apostel auch immer, diesselben Probleme vorlagen. Die eigenen Erlebnisse in diesem System, vor allem aber die Erfahrung, wie wohltuend und wichtig die Möglichkeit des offenen und vertrauensvollen Gesprächs ist, haben mich veranlaßt, zusammen mit zwei Freunden, ebenfalls ehemaligen Priestern, eine Selbsthilfe-Initiative in Stuttgart ins Leben zu rufen. Sie soll vor allem für die Vielzahl von Menschen, die unter dem Leidensdruck durch dieses System, unter psychischen und physischen Belastungen stehen, ein Gesprächsforum, ein Angebot zur Bewußtwerdung und zum Gedankenaustausch sein. Die Menschen in den Selbsthilfegruppen offenbaren in jedem einzelnen Fall die grausamen Wirklichkeiten hinter der schönen Fassade der NAK. Innerhalb kurzer Zeit meldeten sich viele Hunderte von betroffenen und leidenden Menschen. Diesen Menschen Hilfe zur Selbsthilfe zu geben ist mir ein großes Anliegen.

Hilfen zur Selbsthilfe

Die Darstellung meiner Biographie in der Neuapostolischen Kirche und meiner Ablösung diente zum einen der individuellen Aufarbeitung, zum anderen der Aufklärung über die Wirklichkeit dieses von außen so harmlos und freundlich erscheinenden Glaubenssystems. Sie soll Betroffenen Mut machen, einen eigenen Weg zu gehen und die Angst vor dem strafenden Gott nehmen. Sie soll zeigen, was in den Gläubigen vorgeht, soll die Betroffenen aufklären, aber auch die von außen Beobachtenden informieren.

Vertrauen gegen Angst

Zuvorderst mache ich Mut zum Vertrauen in die eigenen Gefühle, Regungen und Gedanken. Es gilt, sich bewußtzumachen: *Ich* bin das Gotteskind, nicht ein Enkelkind Gottes, das auf Mittler und Vermittler angewiesen ist. Gott ist viel größer, als wir uns das vorstellen können, und er läßt sich nicht instrumentalisieren für eine Wahrheit, die Menschen erfinden und der sie lediglich die Bezeichnung »göttliche Wahrheit« oder göttliche Ordnung« überstülpen. Wenn Jesus eines wollte, dann ist es die Wiederherstellung einer persönlichen Beziehung zu Gott, die ihren Weg nicht über Menschen und nicht über Gesetze nimmt, in der sich der einzelne Mensch gerade in seinen Leiden, Schmerzen, Schwächen, in seinem Sein, so wie es ist, angenommen fühlen kann.

Die Kirchenführer der NAK versuchen hingegen, zum Teil offen, zum Teil subtil Angst zu machen. Angst vor der Sünde wider den Heiligen Geist, Angst vor dem Unglücklichsein, wenn man dem Herrn den Rücken kehrt, Angst vor dem Zurückbleiben beim Wiederkommen Jesu, Angst vor dem »heilsamen Erschrecken«, Angst vor dem fehlenden Segen oder vor den Strafen Gottes. Das Oberhaupt der Kirche, der Stammapostel, und viele Apostel arbeiten raffiniert und ganz bewußt mit dieser Angst. Die meisten Amtsträger arbeiten unbewußt damit, weil sie von Kindheit an nichts anderes gelehrt wurden. Sie alle instrumentalisieren Gott, verwenden ihn nach menschlichem Gutdünken, nach eigenen Machtgelüsten.

Ich kann aus meiner Lebenserfahrung und aus den Erfahrungsberichten vieler hundert Aussteiger nur empfehlen: Vertrauen Sie in Gott, in sich selbst. Und haben Sie Mut!

Mut zum Prüfen und Hinterfragen

In den NAK-Predigten wird gern das Paulus-Wort zitiert: »Prüfet alles, und das Beste behaltet.« Das »Beste« ist dabei selbstverständlich die eigene Kirche, der neuapostolische Glaube. Davon sprach Paulus nicht. Prüfen Sie die Worte genau. Unabhängig davon, aus welchem Anlaß Sie zum Nachdenken über Ihren Glauben gekommen sind, ist für die Bewußtwerdung, für das Aufwachen und für die Aufarbeitung eine Prüfung der theologischen Grundlagen hilfreich. Sie werden dabei schnell feststellen, wie falsch, abwegig oder einfach hohl die Glaubenssätze sind.

Ich will nur wenige Beispiele nennen:

1. Der Stammapostel ist der Fels, das Felsenamt, auf das Jesus seine Gemeinde gegründet hat, keine andere Kirche hat dieses Felsenamt – so heißt es in der NAK. Abgesehen davon, daß auch der katholische Papst sich so versteht, gibt es in der NAK dieses »Felsenamt« erst seit 1896. Die Anfänge der Kirche liegen nach eigener Definition aber viel früher, sie war also jahrzehntelang ohne »Felsen«. Außerdem: Der Ausspruch von Jesus zum »Felsen« ist zum einen im Gesamtzusammenhang der biblischen Überlieferung zu sehen (interessant ist hierzu die Übersetzung dieses Bibelwortes von Ludwig Albrecht). Zum anderen: Selbst wenn ein Felsenamt von Jesus als notwendig betrachtet wäre, dann aber sicher nicht in der Konsequenz der NAK, die das Amt über alles stellt.
2. Prüfen Sie genau, was es heißt, Jesus nachzufolgen, Gott gehorsam zu sein. Die NAK setzt sich in nahezu gotteslästerlicher Ma-

nier gleich mit Gott und Jesus. Immer wenn diese Namen fallen, wird in einer Art Automatik »Neuapostolische Kirche« oder »Apostel« oder »Knecht Gottes« oder dergleichen verstanden. Jesus wandte sich gegen alle Menschenvergötzung, ja selbst die Verherrlichung seiner eigenen Person lehnte er ab.

3. Jesus sagt in der Bergpredigt: »Ihr seid das Licht der Welt.« Die NAK sieht diesen Satz als Legitimation für ihre Apostel. An keiner einzigen Stelle der Bergpredigt steht jedoch, daß dieser Satz nur zu den Aposteln gesagt wurde. Ebenso der Satz: »Wer euch hört, der hört mich.« (Lukas 10) Jesus sagte diesen Satz nicht nur zu seinen späteren Aposteln, sondern zu allen 70 Jüngern, die bei ihm waren, Frauen wie Männer.
4. Das in der NAK sehr oft gebrauchte Wort vom notwendigen »kindlichen Glauben« steht an keiner einzigen Stelle in der Bibel. Wenn Jesus Kinder in die Mitte stellt, dann um dieses Ur-Vertrauen und die Echtheit zu demonstrieren.

Mit diesen wenigen Beipielen will ich Mut machen, die theologischen Aussagen der NAK zu überprüfen. Lesen Sie die Bibel, aber nicht nur einzelne und willkürlich ausgelegte Sätze, sondern die Zusammenhänge. Und lesen Sie Literatur dazu, die nicht vom Verlag Friedrich Bischoff herausgegeben wird. Ich habe erlebt, wie spannend es sein kann, sich mit der Geschichte der Entwicklung der Bibel und des christlichen Glaubens zu befassen. Entgegen den Einredungen der NAK-Amtsträger muß darunter der Glaube nicht leiden, sondern kann im Gegenteil daraus in Freiheit entstehen und mündig werden.

In den Predigten in der NAK werden häufig schöne Worte wie Liebe, Gnade, Freude, Glücklichsein und ähnliches verwendet. Diese Worte entfalten durch ihre ständige Wiederholung und durch das Hören von Kindheit an magische Wirkung. Schauen Sie hinter diese Worte.

Was für eine Liebe soll das sein, wenn von Hingabe und Herzenswärme gepredigt wird, dann aber der Stammapostel und die Amtsträger gegen »die ewigen Querulanten und Nörgler, die Besserwisser, die mit ihrer Kritik alles zerzausen«, hetzen. Wenn sich hinter der Verwendung solcher Worte nicht Liebe im Sinne von Akzeptanz, von Annahme eines Menschen verbirgt, wenn nicht der geringste Respekt vor dem Kind Gottes, wie es Gott geschaffen und ausgestattet hat, vorhanden ist.

Wenn behauptet wird, nicht mehr in die Gottesdienste zu gehen oder am »Wort Gottes« zu zweifeln, sei Abfall von Gott oder das Werk fremder Geister, dann wird hier die Magie der Worte eingesetzt, um Macht über Menschen zu gewinnen. Schauen Sie genau hin. NAK ist nicht gleich Gott. Eigene Gedanken, Zweifel sind nicht das Produkt »fremder Geister«, sondern Folge der von Gott geschenkten Fähigkeit zum Denken.

Hinterfragen und prüfen Sie die Freundlichkeit und Herzenswärme, die praktizierte »Liebe«. Sie ist nicht echt, wenn sie Andersdenkende, Andersfühlende, eigenständig sich entwickelnde Persönlichkeiten ausgrenzt, an den Pranger stellt und sie zum Gegner des »Werkes Gottes« deklariert.

Mut zur Kritik

Lassen Sie sich beim Hinterfragen nicht mehr mit einfachen Antworten abspeisen, mit gelernten und anerzogenen Formeln, mit Worthülsen und durchsichtigen Phrasen. Als schamlose Ausnützung des Glaubens seiner Zuhörer muß ich es bezeichnen, wenn der Stammapostel am 17. März 1991 erklärt: »Geschwister, das Wort ›Kritik‹ kommt nicht ein einziges Mal in der Heiligen Schrift vor! Ich habe in einigen Konkordanzen nachgeschaut: Das Wort ›Kritik‹ steht nirgends in der Bibel. Also hat es bei uns im Werk Gottes auch nichts zu suchen.«

Die Kirchenführer versuchen, durch subtile und unterschwellige, oft aber auch offene Angstmache kritisches Denken zu unterdrükken. Viele Beispiele für derartige Angstmacherei und Unterdrückung von Kritik ließen sich zitieren. Zum Beispiel ist die »Sünde wider den Heiligen Geist« nichts als ein Drohgespenst, das bei näherer Betrachtung und Prüfung der schriftlichen Grundlagen wie eine Seifenblase in sich zusammenfallen muß.

Mit derartiger Unterdrückung von Kritik, von Zweifeln, von Hinterfragen arbeiten alle totalitären Systeme – seien es politische, seien es sektiererische Herrschaftsapparate.

Wertlose Reformen

Viele in der NAK reden von Reformen, von einer neuen Offenheit und Liberalität, von Aposteln, die jung und liberaler sind und neue Freiheiten einführen. Dies alles entpuppt sich bei näherer Betrachtung allerdings als propagandistisches Täuschungsmanöver. Zugegebenermaßen ist den Initiatoren der Reformbewegungen wohl zuzugestehen, daß sie selbst die Täuschung nicht bemerken, denn sie reagieren lediglich auf einen überkochenden Topf, der ein Ventil braucht, aus dem der Überdruck entweichen kann. Aber was nützen diese Liberaität und die Reformen dem einzelnen, wenn er lediglich von einer Abhängigkeit ihn die nächste geführt wird.

Um zwei Bespiele zu nennen: Wenn ich heute einen Bart tragen darf, weil es unser Ältester genehmigt hat, oder wenn ich heute ins Theater gehen kann, da mein Apostel nichts mehr dagegen hat, ist die Abhängigkeit dieselbe, die Unterwerfung unter die Befehlsstruktur gleichgeblieben. Lediglich die Anweisungen haben sich geändert.

Eine wirkliche innere Freiheit des einzelnen Menschen in seinem Denken und Handeln ist so lange nicht erreicht, wie durch psychische Druckmittel in Form von

- Angst, beim Wiederkommen Jesu nicht dabeizusein,
- Furcht, Gott könnte mich oder mein Handeln und Denken ablehnen,
- Sorge, Gott könnte mir seinen Segen entziehen oder mich strafen,

erreicht wird, daß der Mensch unterworfen und niedergehalten wird und sich menschlichen Autoritäten mit dem Anspruch der Göttlichkeit ausliefern muß, um seine Zukunftsexistenz zu sichern.

Den neuapostolischen Leser möchte ich ermuntern, nicht gebannt auf Scheinreformen zu warten und darüber sein eigenes von Gott geschenktes Leben zu vergessen. Die Reform fängt in Ihrem Innenleben an!

Ausstieg in Raten

Der Prozeß des Aussteigens verläuft in Raten. Es muß nichts überstürzt werden. Auch kleine Schritte führen zum Ziel. Ein Bewußtwerdungs- und Ablösungsprozeß ist sehr schwierig, vor allem dann, wenn man in diesen Glauben hineingeboren wurde und von Kindheit an die Phrasen und Dogmen aufgesogen hat. Sie prägen unterbewußt die Persönlichkeitsstrukturen.

Von Kindheit an kennt man nur die Denk- und Sichtweise der eigenen Gruppe. Die Außenwelt ist ein Phantom, in dem man keine eigenen Erfahrungen macht, auch nicht machen darf, weil sie im wahrsten Sinne des Wortes »verteufelt« wird. Draußen sind »Geister«, »Teufel«, »Versuchung«, »Wehe, Elend, Leid und Tod«! Es ist fast eine magisch-okkulte Denkweise, die durch Angst und Schuldgefühle davor schützen soll, sich dieser Außenwelt anzunähern.

Deshalb muß sich die/der Aussteiger/in in behutsamen Schritten in die neue, alte Welt vortasten, ja sie von Grund auf neu erobern. Moral, Weltanschauung, Beziehungen zu Menschen, die eigene Religiosität werden völlig neue Erfahrungsfelder.

Aus Gründen des Selbstschutzes sollte man nur so viele und solche Schritte tun, wie psychisch verkraftbar sind. Nicht wenige leiden unter psychischen oder psychosomatischen Belastungen. Mancher hat traumatische Erfahrungen zu verarbeiten. Familiäre oder freundschaftliche Beziehungen drohen zu zerbrechen. Mit all diesen Gesichtspunkten müssen sich Aussteigende vertraut machen. Nichts muß gewaltsam gelöst werden. Auch hier gilt das am Anfang dieses Kapitels Gesagte: Vertrauen in die eigenen Gefühle und Möglichkeiten ist das Entscheidende.

Selbsthilfe-Initiativen

In den letzten Jahren haben immer mehr Mitglieder der Neuapostolischen Kirche große innere und äußere Probleme oder nehmen diese Probleme erstmals in ihrem Leben bewußt wahr. Dies gilt für aktive Mitglieder gleichermaßen wie für solche, die bereits Abstand zur Kirche gewonnen haben. Die Gründe liegen vorwiegend in der beschriebenen autoritären Führungsstruktur, der dogmatischen Lehre, der Endzeiterwartung und dem Eliteanspruch.

Diese Elemente des neuapostolischen Glaubenssystems führen zu Abhängigkeit und Bewußtseinskontrolle, zu Fremdbestimmung und Außensteuerung, zu Isolation und Abgrenzung, zu Lebensfeindlichkeit und Intoleranz, zu Psychodruck und Unterwerfung, zu Unfähigkeit zu kritischem Nachdenken und Hinterfragen, zu einem Leben gegen die eigenen Gefühle, Gedanken und Vorstellungen.

Zur Bewältigung dieser Probleme hat sich die Einrichtung von Selbsthilfegruppen bewährt. In Deutschland entsteht derzeit ein ganzes Netz solcher Gruppen.

Es ist ein befreiendes Gefühl, seine Erfahrungen anderen mitteilen zu können und festzustellen: Ich bin nicht allein mit meinen Zweifeln, Gedanken und Ängsten. Und festzustellen: Nicht ich bin krank, sondern das System! Aus solchen Ablösungsprozessen heraus kann jeder Aussteiger den Betroffenen nur Mut machen, Schritte in die Selbständigkeit zu wagen, zumindest anzufangen zu überprüfen, zu hinterfragen, sich nicht mehr abspeisen zu lassen mit einfachen Lösungen.

Unsere Selbsthilfe-Initiative für Aussteiger hat folgende Anliegen und Ziele:

1. *Sie will Gespräche anbieten.* Sowohl in Einzelgesprächen als auch in einer Selbsthilfegruppe sollen Betroffene erstmals ihre Fragen und Zweifel, ihre Kritik und ihre Probleme formulieren und darüber sprechen können.
2. *Sie will aufklären.* Die Öffentlichkeit muß über das Glaubenssystem der NAK aufgeklärt werden, über das, was sich hinter der etablierten und schönen Fassade und hinter den positiven Versprechungen verbirgt. Dies geschieht in Gesprächen mit Pressevertretern, Rundfunk- und Fernsehjournalisten und in öffentlichen Vorträgen. Zielgruppe ist nicht nur die allgemeine Öffentlichkeit, sondern angesprochen werden auch Menschen, die noch an und in dieser Gemeinschaft leiden und keine Möglichkeit haben, sich neutral zu informieren.
3. *Sie will informieren.* Sowohl Betroffene und Angehörige als auch Vertreter der Medien und der Öffentlichkeit haben die Möglich-

keit, von der Selbsthilfe-Initiative Informationen zu erhalten, die Mitgliedern nicht zugänglich sind, z.B. interne Schriften und Anweisungen, Formulare und Berichte sowie geschichtliche Dokumente.

4. *Sie gibt Literaturhinweise*, initiiert und unterstützt Veröffentlichungen.

Und sie will *Mut machen* zu eigenen Gedanken, zum eigenen Weg, zu Eigenverantwortung und zu den eigenen Gefühlen. Ebenso will sie Vertrauen zu einem großen, allumfassenden und liebenden Gott wecken, ohne aber eigene Weltanschauungen oder Glaubenslehren zu vermitteln.

Unsere Selbsthilfe-Initiative ist unter folgender Adresse erreichbar:

Selbsthilfe-Initiative für
Aussteiger der Neuapostolischen Kirche
c/o Kontakt und Informationsstelle für Selbsthilfegruppen e. V.
Marienstr. 9
70178 Stuttgart
Tel.: 0711/640 6117
FAX: 0711/607 4561

Weitere Selbsthilfegruppen im Bundesgebiet bestehen oder sind im Entstehen begriffen. Die Anschriften sind unter oben genannter Adresse erhältlich.

Literaturhinweise

Siegfried Dannwolf, Joachim Gerbert, Bernd Stöhr, Raus aus dem Bann. Über Anspruch und Wirklichkeit der Neuapostolischen Kirche, ihres Glaubenssystems und dessen Wirkungen, Verlag Lachesis, Postfach 400 665, 70407 Stuttgart.

Eugen Drewermann, Kleriker – Psychogramm eines Ideals, Walter Verlag, CH-Solothurn ^{8}1990.

Oswald Eggenberger, ... neben den Kirchen, Christliche Verlagsanstalt, Konstanz 1990.

Joachim Gerbert, Nur wir! Kritische Auseinandersetzung mit der Neuapostolischen Kirche und ihrer Lehre aufgrund persönlicher Lebenserfahrungen, Verlag The World of Books Ltd., Friedrich-Ebert-Str. 80, 67549 Worms.

Steven Hassan, Ausbruch aus dem Bann der Sekten. Psychologische Beratung für Betroffene und Angehörige, Rowohlt-Verlag, Hamburg 1993.

Hansjörg Hemminger, Unterscheidung – Was ist eine Sekte? Quell-Verlag, Stuttgart 1995.

Kurt Hutten, Seher, Grübler, Enthusiasten. Das Buch der traditionellen Sekten und religiösen Sonderbewegungen, Quell Verlag, Stuttgart 1989.

Sylvia Kranefeld, Sekten – Aufklärung statt Therapie. Aufklärung über die Neuapostolische Kirche, Verlag The World of Books Ltd., Worms.

Tilmann Moser, Gottesvergiftung, Suhrkamp-Taschenbuchverlag, Frankfurt 1980.

Helmut Obst, Apostel und Propheten der Neuzeit, Berlin 1990.

Karl Eugen Siegel, Die Botschaft des J. G. Bischoff. Geschichtliche Hintergründe der Endzeit-Botschaft, Verlag Lachesis, Stuttgart.

Ders., Der Repräsentant des Herrn. Das Stammapostelamt in der NAK, Verlag Lachesis, Stuttgart.

Hugo Stamm, Sekten – Im Bann von Sucht und Macht. Ausstiegshilfen für Betroffene und Angehörige, Kreuz-Verlag, Stuttgart 1994.

Hans-Peter Tjaden, Walter Krappatsch, ... an ihren Früchten..., Verlag The World of Books Ltd., Worms.

Handbuch
Religiöse Gemeinschaften

Freikirchen, Sondergemeinschaften, Sekten, Weltanschauungen, Missionierende Religionen des Ostens, Neureligionen. Für den VELKD-Arbeitskreis im Auftrage des Lutherischen Kirchenamtes herausgegeben von Horst Reller, Manfred Kießig und Helmut Tschoerner.
4., völlig überarbeitete und erweiterte Auflage. 999 Seiten. Geb.
[3-579-03585-1]

Das Handbuch vermittelt einen Überblick über das Gestalt gewordene religiöse Leben christlicher und außerchristlicher Art in der Gegenwart.

Es informiert über wichtige Fragen der verschiedenen Gemeinschaften (Entstehung und Geschichte, Grundriß der Lehre, Fragen der Sakramente, Mitgliederzahl und Verbreitungsgebiet, Organisation) und würdigt kritisch ihre jeweilige Stellung zur evangelischen Kirche.

Gütersloher
Verlagshaus